ISBN 978-0-483-69541-2
PIBN 10409820

COMMEDIE

CONTENUTE NEL PRESENTE

VOLUME IV.

OPERE TEATRALI

DI

FILIPPO CASARI

FERRARESE.

VOLUME IV.

TRIESTE
DAGLI EREDI COLETTI
MDCCCXXIV.
(*A spese dell' Autore.*)

ELENCO

degli Associati secondo l'epoca in cui onorarono l'impressione delle mie Opere teatrali dopo la pubblicazione del terzo volume.

Rosazza Amadeo, Possidente di Parma.

Mazza Luigi, Farmacista di Parma.

Bolla Barone Lucio di Parma.

Pazzoni Michele, Consigliere nel supremo Tribunale di Revisione di Parma.

Blanchon Giacomo, Tipografo e Negoziante librajo di Parma, per Copie 2.

Donati Paolo. Professore di prospettiva teatrale nella ducale Accademia delle belle Arti di Parma, per altre Copie 4.

Quaglia Alessandro, Procuratore ducale a Borgotaro, di Parma.

Savorgnan Cergneu di Brazzà Conte Lodovico d' Udine.

Zaccaria Pietro di Trieste.

Maganza Francesco, Dottore di medicina, a Buje.

IL QUADRO PARLANTE.

COMMEDIA ORIGINALE

IN CINQUE ATTI

DI

FILIPPO CASARI.

TRIESTE
DAGLI EREDI COLETTI
MDCCCXXIV.
(*A spese dell' Autore.*)

PERSONAGGI.

DAWIGTON, Aldermanno.
EMILIA, sua moglie.
AMBERTON, Uffiziale.
DUGLAS, Cancelliere.
MORTLEI.
ENRICHETTA, sua moglie.
RICCARDO, pittore.
CARLO, suo figlio, e sposo di
LUIGIA.
GIANNINO, loro figlio.
CLASER, maniscalco.
JAMES, vecchio servo di Mortlei.
STOKER, carceriere.
Un Giudice.
Un Cameriere.
Un Usciere.
Un Uffiziale.
Servi,
Soldati, } che non parlano.
Carcerieri,

La scena è in una città dell' America settentrionale.

Più non mi risovvengo, se dalla lettura d'una novella o d'una vecchia commedia tedesca abbia tratto l'argomento della presente rappresentazione che scrissi nell'autunno del 1797 in Parma, e che sulle scene di quel ducale teatro per la prima volta comparve con più che mediocre successo. Pel corso di più e più anni l'ho veduta a rappresentarsi da varie compagnie, e sostenersi sempre e dovunque con soddisfazione degli spettatori. Più non vedendola a comparire sulle scene, m'induco a credere, che abbia in breve periodo terminato la sua carriera; giudichi chi legge, se merita essa così decisa dimenticanza.

ATTO PRIMO.

Sala d'udienza.

SCENA I.

Dawigton siede presso una tavola, sopra cui vi sono fasci di carte, e libri; Duglas pure siede alla medesima tavola con una supplica in mano.

Dug. Quando comandate....

Daw. Leggete.

Dug. *(legge)* „Anna Jerson, vedova del fu amministratore generale de' pubblici ospizj, priva di mezzi, e ridotta all'indigenza con cinque figli, il maggiore de' quali oltrepassa appena il secondo lustro, implora la pietà de' suoi concittadini."

Daw. Amministrazione di pubblico danaro, e indigenza nella famiglia!.... Bellissimo elogio per il defunto, e valida raccomandazione per la vedova, e per gli orfani figli. Si prendano esatte e pronte informazioni. *(Duglas scrive)* Fra tre giorni il rapporto del commissario di quartiere, e le informazioni de' rispettivi Consigli di revisione.

Dug. *(legge un' altra supplica)* „Il signor Du-jardin, detto il diavoletto, professore di salti mortali e di voli a corda, chiede il permesso di sorprendere e divertire gli abitanti di questa città colla sua arte, da lui portata al non plus ultra."

Daw. Proibito. Se il signor Diavoletto col suo non plus ultra vuol rompersi il collo, è padrone; ma lontano da queste mura. I pubblici divertimenti debbono tendere a istruire il popolo, e a migliorarne i costumi, non a fargli ribrezzo, e a renderlo insensibile e crudele. C'è altro?

Dug. Una seconda supplica de' condannati alle fortificazioni....

Daw. A me. *(prende il foglio e s' alza)* Ho preso i dovuti lumi, e voglio stendere io stesso le occorrenti informazioni. Questi infelici non debbono essere dimenticati: se privati sono di tutti i diritti sociali, non hanno perduto quelli dell'umanità. Quando giunge Amberton, ditegli, che l'attendo nel mio gabinetto.

(in atto di partire.)

Dug. Il signor Dowerland, colono di Sommerfield, ha fatto nuove istanze, perchè il suo schiavo, accusato di veneficio, sia punito di morte.

Daw. Ha costui confessato il delitto?

Dug. Non signore: ma il colono insta nell'accusa, e chiede che il suo schiavo sia assoggettato alla tortura, onde confessi il delitto, e i complici.

Daw. La legge nol permette.

Dug. Ma trattandosi d'uno schiavo....

Daw. D'un uomo si tratta, d'un nostro simile, e basta.

Dug. In certi casi però una morte esemplare....

Daw. E chi assicura, che il dolore non istrappi a forza una confessione dalle labbra del tormentato paziente? E se vero non fosse? Se innocente a morte.... Oh invenzione degna de' barbari tempi in cui nascesti, possibile, che tu abbi ancora de' fautori che ti reclamano a' giorni nostri? Io inorridisco, e detesto così disumani mezzi che non servono nè alla verità nè alla legge. Abolito ne sia fra noi il nome, e compiangiamo le sventurate vittime del pregiudizio, e di que' tanti errori che hanno per sì lungo tempo inorridita la natura, e disonorata l'umanità. *(parte.)*

Dug. *(alzandosi, e disponendo alcuni fogli.)* Questa compassione.... questa virtù.... se continua di questo passo, non c'è più modo di profittarsi di nulla; senza ingegnarsi con qualche incerto, col solo impiego si vivrebbe troppo magramente.

SCENA II.

Amberton. Detto.

Amb. *(uscendo affannoso)* Duglas, Duglas!

Dug. Che c'è, Amberton? Voi mi sembrate.... *(avvicinandolo.)*

Amb. Siamo soli? posso parlare?

Dug. Qui nessuno vi sente: parlate con sicurezza.

Amb. *(alquanto sommessamente)* Momenti sono, è giunto il vecchio Maggiore Mortlei.

Dug. Possibile?

Amb. Benchè avvolto in lungo abito, e con cappello su gl'occhi, una guardia di mia confidenza l'ha riconosciuto, ed è accorsa ad avvertirmene.

Dug. L'avete fatto arrestare?

Amb. Ignoro il suo asilo; ma più d'uno è in traccia

per iscoprirlo, e con ansietà ne attendo il rapporto.

Dug. Per amore del cielo siate vigilante, e afferrate la vittima, giacchè viene a offrirsi da se stessa.

Amb. Che mai può volere costui? Si lusinga forse di scoprire....

Dug. Cosa volete che discopra? Comincereste già a dar luogo a panici timori? Anime franche e ardite, come sono le nostre, non conoscono sì basso sentimento. Se abbiamo saputo conseguire il nostro intento, sapremo anche conservarlo. La moglie di Mortlei osò disprezzare il mio amore, e viva morì seppellita in una carcere. Era il marito d'ostacolo a' nostri disegni; e se con pronta fuga non si sottraeva, perito sarebbe sotto il ferro d'un sicario. Ora s'è avventurato al ritorno, e sia egli il benvenuto. Scopritene il nascondiglio, arrestatelo senza strepito, e poi lasciate la cura a me di farlo chiudere fra quattro muri, dove seco lui perirà in breve e la sua vendetta, e il nostro segreto.

Amb. E non potrebbe, munito d'attestati della sua innocenza, presentarsi all' Aldermanno? Voi sapete, che Dawigton ama anche di troppo la giustizia.... non vorrei....

Dug. Davvero mi fate ridere colle vostre dubbiezze. Primieramente il fatto accadde sotto il predecessore, e perciò Dawigton n'è affatto al bujo. E poi, dato anche che gli riuscisse (cosa per altro quasi impossibile) di presentarsi o di far pervenire memorie o suppliche; in qualunque modo egli dovrebbe siccome reo e condannato in contumacia costituirsi per la rinovazione del processo. Oh lasciate che passi in una prigione; di poi mi accusi, che ne sono contento. *(più sommessamente)* Lo faremo addormentare, nè si sveglierà mai più.

Amb. La prontezza del vostro spirito dissipa ogni mio timore.

Dug. Parliamo d'altro: come va la faccenda amorosa?

Amb. Non ho potuto ancora rilevar nulla: e voi?

Dug. Sono nel caso vostro; nondimeno conviene tenerne acceso il fuoco che può servirci a più d' un oggetto.

Amb. Se potessimo avvilupparlo ben bene in un intrico; la passione gli farebbe trascurare il suo ministero, e allora eccoci di nuovo padroni del campo per mietere a nostro piacere.

Dug. V' attende nel suo gabinetto; badate bene di lusingarlo, risvegliare sempre più.....

Amb. Lasciatene la briga a me. *(parte e ritorna.)* Approposito, si vorrebbe fare una forte esportazione di grano.

Dug. 'E proibita.

Amb. Appunto per questo c'è un regalo di quattrocento ghinee; procuratevi il permesso per alcune centinaja, che in mano nostra diventeranno migliaja.. Dugento ghinee per ciascuno, da buoni amici. *(entra nel gabinetto.)*

Dug. Se l' Aldermanno ritrova traccia dell' incognita, e ne intraprende l' amicizia; trascurerà la moglie, e allora..... sì, ben saprò io allora fomentarne la gelosia, risvegliarne l' odio, e cogliere i frutti della vendetta.

(in atto di partire.)

SCENA III.

Emilia. Detto.

Emi. Signor Cancelliere, dov'è mio marito?

Dug. Nel suo gabinetto. (*Emilia s' incammina per entrarvi.*) Perdonate: egli è occupato.

Emi. Ah! un marito in carica è pure incomodo!

Dug. La sua dignità può servire di pretesto alla sua noncuranza, per sottrarsi a' rimproveri della moglie.

Emi. Purtroppo!

Dug. Sir Dawigton però è ben lontano dal meritare la taccia di trascurato: possеditore d'una vezzosa e amabile donna non può che piangere i momenti, che il dovere gl'impedisce di consacrarle.

Emi. Eh Duglas, le apparenze non sono che di troppo fallaci. Il possesso genera la sazietà; questa produce la noja, da cui non suol essere lontano il disprezzo.

Dug. Che dite mai? possibile, che a canto vostro... scusate: ma non posso crederlo; non posso neanche sospettarlo.

Emi. Voi non potete crederlo, perchè non potete scorgere in lui quelle mutazioni che non isfuggono al tenero cuore di chi ama. Da qualche tempo egli è meco riserbato più del solito; coglie qualunque occasione per istarmi lontano: e da pochi giorni scopro in lui una fredda indifferenza..... Ah! Cancelliere, questa novità nel cuore di mio marito mi ferisce l'anima, mi strappa a forza le lacrime, e mi rende la più infelice donna ch'esista.

Dug. Compatisco il vostro dolore, e non saprei....

(da se) Ecco aperto il primo passo alle mie brame.

Emi. Ma di voi, signore, di voi debbo lagnarmi.

Dug. Di me? per qual motivo?

Emi. Chi di voi più amico e più confidente di Dawigton? chi meglio di voi a portata d'indagare non i suoi passi solamente, ma i suoi più reconditi pensieri? Emilia pure eravi un giorno amica; un giorno eravi pregio di ragguagliarla di tutto; ma ora più non merito....

Dug. No degnissima Emilia, voi meritate tutto; mà....

Emi. Ebbene, cosa vi trattiene?

Dug. Il dispiacere d'inasprire sempre più la vostra piaga.

Emi. Tormentosa, profonda è già tanto, che più infelice non può farmi: parlate.

Dug. Dispensatemi.

Emi. No, voi avete scagliato il dardo, e dovete finire di trapassarmi il cuore.

Dug. Vi prego....

Emi. *(prendendolo per mano)* Duglas! amico!

Dug. *(baciandole la mano con trasporto)* Oh Emilia! voi siete degna di tutta la mia.... confidenza. Alla vostra bontà, a' vostri vezzi sacrifico ogni riguardo.... Ah! quale ingiuria, qual torto....

Emi. Non più, avverate i miei dubbj. Dawigton....

Dug. Dà ascolto a una straniera passione.

Emi. Giusto cielo!

Dug. Una felice rivale v'ha involato il suo cuore.

Emi. Emilia infelice!

Dug. Prevaletevi della sorte che v'offre il mezzo della vendetta.

Emi. E quale?

Dug. Ingratitudine per ingratitudine.

Emi. In che modo?

Dug. Accogliendo gli omaggi d' un mortale che v' adora.

Emi. E chi può....

Dug. Io, bella Emilia.

Emi. Voi?

Dug. *(gettandosi a' suoi piedi)* Io, sì, che a' piedi vostri....

Emi. Alzatevi, e partite.

Dug. No, mia cara; io giuro su questa mano:...

Emi. *(ritirando con disprezzo la mano)* Taci, perfido; chiudi quell' infame labbro, amico traditore. Io non mi degno di minacciarti dell' ira mia: abbiti il mio disprezzo, e trema della tua temerità. Consiglio e consolazione io ricercava dall' amicizia, e dalla virtù; non seduzione e delitto dal tradimento e dal vizio. Sappilo a eterna tua confusione: Emilia soffrirà in mezzo a mille angoscie gli errori, l' abbandono, ed anche gli insulti del suo sposo; ma Emilia non dimenticherà mai ciò che dee a se stessa, al suo decoro, a' doveri suoi, e sempre si rammenterà con orrore le voci empie e seducenti d' un falso e scellerato amico.

Dug. Deh! uditemi....

Emi. Impostore, lungi dal mio sguardo, non obbligarmi a farti punire. *(volgendogli le spalle.)*

Dug. *(da se)* Superba, anche di te saprò vendicarmi. *(parte.)*

Emi. E può il mio sposo non deviare dal retto sentiere, se ha tal guida dà presso? Amberton forse.... ma troppo è di Duglas amico, perchè a lui non sia uguale. Conviene scoprire la perfidia di costoro, e accertarmi del vero: la supposta mia partenza potrà agevolarmene i mezzi, e di tutto essere ragguagliata da' miei fidi. Non ho più pace in seno, il sospetto la distrugge, e avvelena ogni istante della mia penosa esistenza.

SCENA IV.

Dawigton, Amberton. Detta.

Daw. Emilia.
Emi. Sposo.
Daw. Voi sembrate mesta?
Emi. E la sono.
Daw. Il motivo?
Emi. L' ignoro io stessa.
Daw. Ma pure?....
Emi. Involontaria melanconia mi occupa, e m' inquieta.
Daw. Conviene distrarsi.
Emi. Così penso di fare: andrò per qualche giorno, se lo permettete, a respirare l' aria salubre su i colli di Sonderling.
Daw. Mi rincresce, che il mio impiego mi toglie la soddisfazione d' accompagnarvi.
Emi. *(con qualche risentimento)* Oh so bene, che troppo grandi sono le vostre occupazioni per lasciarvi campo di pensare alla moglie. E pure per cinque anni continui, in mezzo anche agli impegni del vostro ministero, sapevate ritrovare i momenti da consagrare alla conjugale tenerezza; ma da qualche tempo....

Daw. Emilia, le lagnanze domestiche divengono inopportune alla presenza d' un terzo.

Emi. Scusate: mi prevalgo del vostro permesso, e vi lascio; ma nella mia lontananza, Dawigton, non dimenticare chi t'ama, diffida de' tuoi consiglieri, e credi..... *(poi da se)* Ah! si parta; un accento può tradirmi. Dolce amore di sposa, siami tu di scorta; rischiara il vero, e rendimi o felice per sempre, o per sempre sventurata! *(parte.)*

SCENA V.

Dawigton, e Amberton.

Daw. Non è possibile di nasconder nulla alla tenerezza di questa donna: legge sul mio volto qualunque cambiamento che mi succede in cuore.

Amb. Smorfie donnesche; e non so, come possiate tollerarle.

Daw. Stimo mia moglie, e ancora..... debbo confessarlo, io l'amo.

Amb. L'amate? Questo amore poi.... perdonate.... mi sembra fuori di stagione per due motivi: l'uno, perchè dopo cinque anni parmi, che il fuoco conjugale dovrebb' essere, non dirò diminuito, ma oramai quasi del tutto estinto; l' altro, perchè una passione nuova mal può stare con una fiamma fatta già vetusta e nojosa.

Daw. No, Amberton, v' ingannate. La vista della bella incognita ha ben potuto suscitare in me una smaniosa brama di conoscerla; ma per dirvi il vero non so io stesso ciò che mi voglia. L'immagine sua mi si presenta per tutto; quell' improvviso rossore che aggiunse pregio alla candidezza delle sue guancie, mi diletta ancora e m' incanta; e que' male articolati accenti, interrotti da un amabile imbarazzo, mi risuonano tutt' ora all' orecchio: io desidero, io anelo di rivederla, e m' impaziento delle inutili ricerche per iscoprirla; ma pure in me non sento amore colpevole. Io voglio rendere omaggio alla bellezza; e se dessa è infelice, stendere a lei voglio una destra compassionevole per soccorrerla, e renderla, per quanto da me dipende, più fortunata.

Amb. Signore, voi sapete che non sono adulatore, e mi scuserete, se vi parlo con franchezza. Mascherate quanto volete la vostra passione, fate pompa di platonicismo, e di virtù; ma quella brama che v' inquieta, è amore bello e buono, amore in ogni aspetto che vi punge, vi cruccia, e v' accende.

Daw. Nè io vi nego, che amore non sia; ma amare non si può forse senza divenir colpevole?

Amb. A' tempi di don Chisciotte, signor sì: per altro amate come volete, a me poco dee importare. Mi rincresce, che inutili finora sieno state le ricerche: io scommetterei, che con tutta la sua aria d' ingenuità ella s' è preso giuoco di voi, e v' ha ingannato.

Daw. Non è possibile: quello non è labbro da inganno.

Amb. È labbro di donna, e voi avete orecchio da amante. Il mio cameriere che vi seguiva a cavallo, e ch' ebbe campo d' osservarla a suo bell' agio, è stato più volte a prender lume nella casa accennata, e in que' contorni, e nulla ha potuto scoprire.

Daw. Posso aver inteso male, e perciò....

SCENA VI.

Duglas. Detti.

Dug. Signore, signore. *(uscendo frettoloso con un quadretto in mano.)*

Daw. Che avete?

Dug. L'abbiamo ritrovata alla fine....

Daw. Chi?

Dug. L'incognita: ecco il suo ritratto. *(mostrandogli il quadretto.)*

Daw. Si,... è dessa.... ma come?.... *(contemplando il ritratto che prende.)*

Dug. Il cameriere d'Amberton l'ha veduto appeso nella bottega d' un maniscalco, l'ha preso ed è corso a palazzo per farvelo vedere, ma l' ha seguito quel diavolo.... oh! eccolo: ritiratevi, e lasciate la cura a me di scoprire ogni cosa. *(Dawigton e Amberton si ritirano nel gabinetto.)*

SCENA VII.

Claser e Duglas.

Cla. *(di dentro)* Non so niente, voglio il mio quadro; *(uscendo)* 'E una bricconata, una prepoten.... *(vedendo Duglas)* Ah! v' ho trovato. Fuori il mio quadro, ch' io non ho tempo da perdere.

Dug. Che quadro? impazzite?

Cla. Il quadro, signor sì, il quadro con un ritratto che m' ha portato via di bottega un giovinastro che l' ha consegnato a voi.

Dug. A me?

Cla. A voi, o a uno vestito di negro come voi. Insomma fuori il mio quadro, e non facciamo altre scene.

Dug. Rispetto, non alzate la voce: siete in casa dell' Aldermanno.

Cla. Che casa, che Aldermanno! L'Aldermanno è un bravo signore, e io sono un povero artigiano ma galantuomo; e se vuole che si rispetti la sua casa, non dee dar ricetto a ladri, mi capite? Io non ho mai rubato niente a nessuno, e posso portare la mia berretta in alto, perchè qui (*battendosi la fronte con una mano*) non c'è scritto nulla da farmi diventar rosso. Animo, il mio quadro; o corpo della mia incudine....

Dug. Via, siate buono, e a momenti riavrete il vostro quadro.

Cla. Ma dove diavolo l'hanno portato? Maladetto sia, quando m'è saltato in testa d'attaccarlo alla porta. Entra in bottega quel giovinastro, sta a contemplarlo ben bene, e poi senza dire arrilà, lo stacca, lo prende, e via come un lampo. Io grido, e me gli metto da presso: e corri, e corri, e poi dentro nel palazzo, su per le scale come una lepre; ed io dietro di lui a tutta gamba, m'inciampo, e giù disteso per terra; e intanto il quadro sparisce; ho un bel che dimandarlo; nessuno mi dà retta, e mi si ride in faccia come se fossi un buffone. Ma corpo di tutti i muli che ho ferrato, voglio il mio quadro, e lo voglio da voi, altrimenti fo qualche sproposito.

Dug. Calmatevi: il vostro quadro è in buone mani, e vi prometto, che non si perde. E come l'avete avuto voi?

Cla. Oh bella! l' ho avuto, perchè.... perchè l' ho avuto.

Dug. Comprato forse?

Cla. Oibò.

Dug. Ritrovato?

Cla. Nè anche. E perchè non abbiate a sospettar male, vi dirò che m' è stato regalato.

Dug. Da chi?

Cla. Da un pittore, che sta nel medesimo mio piano.

Dug. Non avete detto che è un ritratto?

Cla. Sicuramente.

Dug. D' una donna vivente?

Cla. Vivente e parlante come noi.

Dug. Dunque voi conoscete l' originale?

Cla. Eh eh! se lo conosco.

Dug. Se si assomiglia, dev' essere molto bella.

Cla. Figuratevi un pomo spartito per metà: guardate il ritratto, e vedete lei; guardate lei, e vedete il ritratto. E poi basta dire, che l' ha fatto il signor Carlo suo marito.

Dug. Dunque è maritata?

Cla. Certamente, ed è madre d' un ragazzo di sei anni che ha nome Giannino, e che mi vuole tanto bene.

Dug. Come se la passa?

Cla. Alquanto magramente. A dipingere ci vuol molto tempo, i compratori sono pochi, e questi pochi pagano male: v' assicuro, ch' è molto meglio a mettere le scarpe a' cavalli, e a' muli, con vostra buona licenza parlando.

Dug. Voi fate il maniscalco?

Cla. Si signore, io sono Mastro Gaudenzio Claser, maniscalco per servirvi.

Dug. Sentite, non si potrebbe fare una visita?....

Cla. A chi? alla signora Luigia? Meremeo.

Dug. N' è forse geloso il marito?

Cla. Gelosissimo; e se anche non lo fosse, ella è brava e onesta.

Dug. Onesta! ahahah! onesta come tante altre....

Cla. Non signore, onesta come ha da essere la moglie d'un galantuomo; onestissima quanto la povertà onorata. Io la vedo, io la conosco; e voi, se pensate male, siete una cattiva lingua, un poco di buono.... Insomma datemi il mio quadro, e terminiamola. E se mai vi foste cacciato in capo qualche grillo, vi consiglio a dargli passaggio; quella non è pasta pe' vostri denti; e potete forbirvene la bocca.

Dug. Non vi alterate; io diceva così.... dove avete la bottega?

Cla. In Sommerset, e abito nel quartiere di Lincoln Nro. 153 secondo piano dalla parte dell'orto.

Dug. E la bella....

Cla. E la bella, e la bella! per chi m'avete voi preso? per un ciarlone, o per la tromba della città? Io non voglio dirvi niente. Sbrighiamoci, il mio quadro, e subito; perchè m'aspetta un somaro per essere calzato.

Dug. Una cosa sola ancora....

Cla. Sono stuffo; il mio quadro, la capite? il mio quadro.

Dug. Zitto, zitto; vado a prenderlo.

(entra nel gabinetto.)

Cla. Caro quel signorino! si credeva d'imbrogliarmi colle sue ciarle, scoprir terreno.... ma con me non si riesce; so fare anch'io da segretario.

Dug. *(ritornando col quadretto sotto il braccio)* Galantuomo, a voi.

Cla. Cos' è questo? *(prendendo la moneta che gli dà.)*

Dug. Una ghinea.

Cla. Da che farne?

Dug. Per il vostro quadro.

Cla. A voi la vostra ghinea, e a me il mio quadro. *(gli rende la moneta, e gli toglie di sotto al braccio il quadro.)*

Dug. Come? voi non volete:....

Cla. Da voi non voglio niente; non ho fame io grazie al cielo, e ho quattro soldi sempre al mio comando da comprarmi per mangiare senz' aver bisogno di vendere un regalo che m' è tanto caro; avete capito, signor interrogatorio? Una ghinea, eh! per questo bel visetto?.... cuccù! *(in atto di partire)*

Dug. Sentite, abbiate meno furia. Io non ho mai inteso di privarvi della roba vostra; ma intendo bene di ricompensare la perdita del vostro tempo; perciò tenetevi il quadro, e prendete questa ghinea per il vostro disturbo. *(mettendogli in mano la moneta.)*

Cla. Per il mio disturbo?

Dug. Sì.

Cla. Mi date una ghinea?

Dug. Ma sì.

Cla. Per avere solamente veduto?....

Dug. Appunto.

Cla. Oh donne! siete pure la gran mercanzia!

Dug. Perchè dite così?

Cla. Se date una ghinea per la copia, cosa dareste poi per l' originale? Ma per questo.... ve l' ho già detto.... non c' è oro che tenga.

Dug. Il cielo mi guardi dal pensare a simili cose: so rispettare la virtù.

Cla. Bravo, ora siamo amici. Se avete bisogno dell' opera mia, venite alla bottega, e vi servirò da vostro pari. Addio, signor.... come vi chiamate?

Dug. Mi chiamo.... ma già non serve.

Cla. Dunque, signor già non serve, vi saluto. *(s' incammina e ritorna)* Oh! mi dimenticava; quando volete vedere il ritratto, mandatemi a chiamare. Corpo della mia fucina, se credessi ritrovare altri avventori curiosi come voi, andrei a girare il mondo per farlo vedere come la lanterna magica. *(parte.)*

SCENA VIII.

Dawigton, e Amberton. Detto.

Dug. Udiste, signore?

Daw. Tutto; e se sapessi, come introdurmi....

Dug. Coll' oro tutto è accessibile.

Daw. Dessa è virtuosa.

Amb. Virtù e povertà s' annojano insieme.

Daw. `E maritata?

Dug. Un anno più di voi; il fuoco sarà già divenuto cenere fredda.

Daw. Amberton, seguitemi. Io voglio conoscere questa donna, rendere omaggio alla di lei virtù; e se degna la ritrovo come spero, io saprò, senza oltraggiare la sua onoratezza e il mio decoro, troncare il corso alla ingiustizia della sorte, e divenire l' autore della di lei felicità, e di quella della sua povera famiglia. Questi so-

no i sentimenti che a lei mi conducono; le o-
pre esser debbono queste d' un cuore sensibile, e d' un pubblico amministratore delle leggi, zelante e onorato nella esecuzione de' suoi
doveri. *(parte.)*

Amb. Gran filosofia, Duglas? *(fra loro seguendolo.)*

Dug. Una occhiatina della bella, e tutta la filosofia va in fumo.

Fine dell' Atto primo.

ATTO SECONDO.

Camera in casa del pittore. Un cavalletto, o leggio per parte, sopra ognuno de' quali una tela in lavoro: nel mezzo un tavolino con varie carte da disegno.

SCENA I.

Riccardo in atto di dipingere una delle tele; Luigia seduta al tavolino, lavorando; e nel mezzo del medesimo Giannino in ginocchio sopra una sedia sta facendo figure sopra un foglio con creta rossa.

Gia. (*dopo breve pausa s' alza in piedi sulla sedia, e mostra il foglio a Riccardo.*) Guarda, nonno, se va bene così?

Ric. Fin là non posso distinguere.

Gia. (*balza giù dalla sedia, e corre vicino a lui*) Distinguerai adesso.

Ric. Ma non vedi, che questa figura ha il naso troppo lungo?

Gia. E non vi sono uomini col naso lungo?

Ric. Vi sono sicuramente; ma quello in loro è un difetto di natura.

Gia. Ebbene, questa figura sarà uno di quegli uomini, che hanno un difetto di natura nel naso.

Ric. E questo piede? questo piede?

Gia. Cos' ha?

Ric. 'E troppo corto.

Gia. Oh bella! naso lungo, e piede corto!

Ric. Bisogna studiar bene le proporzioni, Giannino mio, se vuoi diventare un bravo pittore.

Gia. In un batter d'occhio accomodo tutto: qui allungo il piede, e a costui accorcio il naso. (*ritornando al tavolino.*)

Ric. Bravissimo. (*si rimette al lavoro.*)

Gia. (*dopo breve pausa, seguitando a disegnare*) Mamma!

Lui. Che vuoi?

Gia. Il pappà ha il naso lungo o corto?

Lui. Agl' occhi di chi ama tutto è bello.

Ric. E tutto è felice, quando una scambievole stima mantiene la tenerezza e la pace.

Lui. Ah! quanto sono io lontana dal gustare questa felicità!

Ric. (*deponendo la tavolozza*) Luigia, che dite? (*avvicinandosi a lei*) Siete voi mal contenta della vostra sorte? vi affligge la nostra povertà?

Lui. Oh padre, e posso io lagnarmi del mio stato presente, se il passato non mi presentava che miseria e abbandono?

Ric. Cosa può adunque rammaricarvi?

Lui. Qui, padre, qui dal fondo del cuore s'inalza ognora una voce, che mi rimprovera l'ignoranza di me medesima, e mi rinfaccia il mio nulla. Ad ogni istante nell' anima mia l'immagine si presenta de' miei primi anni, e null' altro vi scorgo che un orribile caos che mi atterrisce e mi confonde. Come in un sogno, di cui appena si rammentano le traccie, parmi fra le tenebre travedere una donna che spaventata mi stringe al seno; io ne veggo le chiome irte ancora, e i lumi quasi moribondi; acute lontane strida mi scendono al cuore, e nell' atto che verso quelle io voglio accorrere, alcune larve m' arrestano, mi trasportano.... e qui mi perdo nel labirinto di mia fanciullezza; mentre un nuovo e maggiore labirinto offresi al mio sguardo adulto, e sempre così tutto resta per me bujo e misterioso.

Ric. Calmatevi, Luigia: l' oscurità de' vostri natali nè in voi scema la virtù, nè in noi la tenerezza.

Lui. E tanto barbari possono essere stati i miei genitori, che non solo si sono vergognati d' avermi data la vita; ma nè anche sonosi curati di raccomandarmi almeno alla pietà degli uomini?

Ric. Non li condannate, figliuola: talora vi sono circostanze tali, che rendono fatalmente necessaria una condotta in apparenza crudele. Al cielo forse piacerà un giorno di dicifrare questo arcano: chi sa, che non abbia ad esserne il mezzo il piccolo ritratto, cui dietro sono quelle lettere insieme intralciate? I pietosi contadini, che vi raccolsero tenera orfana abbandonata nel bosco, asserirono d' avervelo trovato appeso al collo, ed ebbero cura di custodirlo, siccome l' unico segno che potrebbe un dì condurvi allo scoprimento dell' essere vostro. Non vi abbandonate adunque al dolore, sottommettetevi alla Provvidenza, e continuate ad essere tenera madre, e affettuosa moglie.

SCENA II.

Carlo con un rotolo di tele dipinte. Detti.

Car. Tutto è inutile: la nostr' arte di giorno in giorno perisce, e chi la coltiva, non dee aspettarsi che miseria. *(getta il rotolo e il cappello sul tavolino.)*

Lui. Mio buon Carlo! (*correndo ad abbracciarlo.*)

Gia. Addio, pappà.

Ric. Figlio mio!

Car. Oh dolci e cari oggetti dell'amor mio! perchè la consolazione di rivedervi, e di stringervi di nuovo a questo seno essere mi dee amareggiata dal dispiacere di non potèr migliorare la vostra sorte? Eccomi di ritorno; ma colle mani vuote, ma con quelle tele medesime invano animate da' nostri pennelli. I curiosi vi si affollano intorno, ognuno guarda, contempla, critica, e poi indifferente prosegue il suo cammino; fra mille uno appena ne chiede il prezzo, e..... o non risponde e parte; o se offre, è si vile la somma, si umiliante.... Oh figlio, getta quell'inutile creta, lacera que' fogli, prendi piuttosto un' ascia, un martello, una marra; il sudore almeno che ti gronderà dalla fronte, ti sarà giovevole, e vedrai la ricompensa seguire da presso la tua fatica.

Lui. Carlo, tu sei fuor di modo di cattivo umore?

Car. E come non esserlo? Posso io mirare con indifferenza l'onorata canizie di questo buon padre ad affaticare i suoi stanchi sensi, e non ritrarre da' penosi suoi lavori alcun sollievo? non merita forse la sua età giorni più sereni e tranquilli? E tu, tu che sei la più cara parte di questo cuore.... tu stessa.... quell'innocente..... no, non è possibile, l'anima mia non sa resistervi senza mormorarne.

Lui. Questo affanno è il più bell'elogio dell'ottimo tuo cuore; ma la ragione dee insegnarti a moderarlo. Grazie al cielo non siamo in estremo bisogno; ci manca, è vero, quanto serve a rendere la vita agiata; ma non ci manca uno scarso alimento, e ciò che più importa, in noi non manca nè la tranquillità dell'anima, nè la rassegnazione di soffrire.

Ric. Caro figliuolo, di me non devi prenderti pena. È tanto forte in me l'assuefazione al lavoro, e così s'è fatta per me necessaria, che la vita mi sarebbe di peso, se più non potessi travagliare.

Car. I lavori cominciati sono ancora molto addietro; e quelli che porto a vendere, sono già troppo conosciuti, nè più allettano la curiosità d'alcuno. Sapete, padre mio, cosa ho pensato?

Ric. Non saprei.

Car. Quel quadro che vi fu ordinato, sono già dieci anni, da una lettera anonima, e che giace inutilmente nella vostra stanza; quello mi sembra che sarebbe più vendibile, sia per la novità del soggetto, che per il pregio del lavoro: che ne dite?

Ric. No, figlio, io non permetterò mai che sia venduto. La segretezza con tanto calore ingiuntami, la qualità del soggetto con tanta precisione indicata, mostrano, che debba esservi qualche importante arcano. Chi può sapere, quali conseguenze arrecar potrebbe la pubblicità di quel quadro, e fors' anche funeste a noi medesimi? Lasciamolo adunque nel silenzio, e non diffidiamo dell'ajuto del cielo.

SCENA III.

Un Cameriere. Detti.

Cam. (*di dentro*) Di casa! è permesso?

Car. Avanti.

Cam. (*entrando*) Siete voi un certo signor Carlo pittore?

Car. Sono io.

Cam. Il signor Cancelliere di governo desidera sapere, se avete tempo di favorirlo.

Car. Sono a' suoi comandi.

Cam. Compiacetevi adunque di seguirmi unitamente a vostro padre, perchè si tratta d'un lavoro di molto impegno, e di premura.

Ric. Prendo il mio cappello, e sono con voi. (*entra in camera.*)

Lui. Vedi, se la Provvidenza non manca?

Car. Io la ringrazio per te, mia cara. (*abbracciandosi.*)

Cam. Sbrighiamoci, signori. (*parte con Carlo.*)

Ric. (*uscendo*) Eccomi, eccomi.

Gia. Torna presto, sai, nonno?

Ric. Sì sì, tieni compagnia alla mamma. (*parte.*)

Gia. Sapete, cosa dobbiamo fare?

Lui. Cosa, figlio?

Gia. Aspettate. (*prende una sedia, e la mette rivolta alquanto verso il tavolino.*) Sedete qui.

Lui. E poi?

Gia. Fatemi questo piacere.

Lui. Voglio condiscendere. (*siede, e Giannino va al tavolino, prende un foglio, e un lapis in mano.*)

Gia. Voltate la testa verso di me.... un poco più... ma non ridete.... là, state ferma. (*si mette a disegnare.*)

Lui. Cosa pretendi fare?

Gia. Il vostro ritratto.

Lui. Sei pazzo?

Gia. No no, dico davvero.
Lui. (*alzandosi*) Ho altro io per il capo.
Gia. Uh! come siete poco compiacente! E io farò il ritratto di Claser, così tutto brutto e tinto..... Eccolo; eccolo appunto.

SCENA IV.

Claser. Detti.

Cla. Giannino, presto; colla licenza della mamma venite con me.
Gia. Dove?
Cla. A comprare tante belle cose. (*a Luigia*) Oh se sapeste.... ho da farvi ridere assai: or' ora ho guadagnato del danaro col ritratto.... con quello, m' intendete?....
Gia. Col vostro?
Cla. Col mio, figlio caro, ci sarebbe da guadagnarsi qualche pugno in faccia: l' ho guadagnato con quello della mamma.
Gia. Ah! sentite? col vostro ritratto si guadagna, e voi non volete lasciarmelo fare.
Lui. L' avete venduto?
Cla. Che venduto? è giù attaccato com' era alla porta, e sto aspettando qualche nuovo avventore.
Gia. Via, andiamo a comprare le belle cose.
Lui. Ma ditemi, in qual modo....
Cla. Or ora vi dirò tutto.
Gia. Andiamo. (*tirandolo per il vestito.*)
Lui. Da chi? dove?
Cla. In casa dell' Aldermanno, da un certo tale.... vi racconterò tutto, e riderete.
(*parte con Giannino.*)

Lui. Dall' Aldermanno!.... Oh dio! quale improvviso ribrezzo mi risveglia questo nome? Non è egli quel medesimo, che giorni sono incontrai al passeggio? Il suo sguardo, e più le sue parole mi fanno ancora arrossire.... si certo, egli mi parlò, ma nella confusione non so io stessa cosa gli dicessi. Ma che ha che farvi il mio ritratto? come dalla bottega d' un maniscalco.... oh cielo! non avverare mai i miei sospetti, non permettere che sia turbata la mia pace.

SCENA V.

Dawigton e Amberton in soprabito, e con cappello tondo. Detta.

Amb. Scusate, signora, è questa l'abitazione del pittore Riccardo?

Lui. Si signore.

Amb. Abbiate la bontà di chiamarlo.

Lui. 'E uscito.

Amb. Dunque parleremo al figlio.

Lui. Anch' egli è andato col padre dal Cancelliere di governo.

Amb. 'E quella? } (*fra loro.*)
Daw. Si, è dessa. }

Amb. Credete, che ritarderanno molto?

Lui. Non saprei dirlo.

Amb. Favorite, avvicinatevi.

Lui. Perdonate.

Amb. Siete così bella....

Lui. Con sua licenza. (*in atto d' entrare nella camera.*)

Amb. (*frapponendosi al di lei passaggio*) Oh non ci priverete si presto della vostra amabile conversazione.

Lui. (*da se*) Cielo, assistenza!

Amb. Non abbiate timore; qui non siamo per farvi alcun male, anzi è nostra intenzione di farvi del bene.

Lui. Vi prego.... sono sola in casa.... potrebbe ritornare mio marito....

Amb. State pur tranquilla per vostro marito, che non sarà di ritorno sì presto.

Lui. (*da se*) Non m' inganno: questi è l' Aldermanno.... in quale periglio mi trovo!

Daw. (*da se*) Mi guarda.... arrossisce..... Oh impero della bellezza, quanto sei potente sul cuore dell' uomo!

Amb. Sento a dire, che siate in qualche angustia.

Lui. Mi contento del mio stato.

Amb. Consolatevi, che siete vicina a migliorarlo.

Lui. Non lo desidero.

Amb. Questo non posso crederlo.

Lui. Perchè misurate gli altri da voi stesso.

Amb. Il signor Aldermanno....

Lui. Vi supplico di non finire.

Amb. Brama di conoscervi.

Lui. Ringraziatelo, e ditegli, che mi risparmj una simile fortuna.

Amb. Per qual ragione?

Lui. Perchè sono madre e moglie; perchè amo figlio e sposo; perchè stimo me stessa e i miei doveri.

Amb. E pure, vostro malgrado, imparerete a conoscerlo.

Lui. Basta così: vi chiedo il permesso di ritirarmi.

Amb. Sappiate, che io debbo per parte sua....

Lui. Non proseguite.

Amb. Egli vi ama.

Lui. Lasciatemi libero il passo.

Amb. Può fare la vostra fortuna.

Lui. (*con nobiltà*) Signore, siete voi ammogliato?

Amb. Lo sono.

Lui. Avete figli?

Amb. Ne ho.

Lui. Dunque siete doppiamente scellerato.

Amb. Come? così voi osate parlare....

Lui. Così io parlo a chi s' è incaricato d' un' opra d' iniquità.

Amb. E non sapete voi, che io sono....

Lui. Tacete, risparmiatevi il rossore di palesarmi il grado che avvilite. Un uomo d' onore, un vero padre di famiglia non si presta ad azioni ignominiose. Me ne appello al vostro compagno stesso, che i miei detti approva col suo silenzio, e ch' io supplico di liberarmi dal vostro aspetto, che annunzia l' orrore e il delitto. Fra queste pareti colla povertà v' alberga onoratezza; partitene, o donna qual sono, benchè sola e inerme, vi farò rientrare ne' limiti del dovere, e v' insegnerò a rispettare la virtù di chi non conoscete, a desistere dal farvi complice e fabbro d' iniquità, e à non degradare la dignità d' uomo con basse e vili azioni, di cui capaci soltanto sono quelle anime, che ogni più sacro sentimento sacrificano all' adulazione e all' interesse.

(*entra in camera e chiude.*)

Amb. (*dopo breve pausa*) Signore!

Daw. Ebbene?....

Amb. L' avete udita?

Daw. Udita e ammirata.

Amb. Non è piazza d'arrendersi così facilmente.

Daw. 'E quale appunto la desidero.

Amb. Sia pure la casta Penelope; ma trovo ben io il modo d'ammansare tanta fierezza. (*incamminandosi.*)

Daw. Dove andate?

Amb. A farla uscire.

Daw. Lasciatela.

Amb. Colle buone non si farà niente; ci vogliono colpi decisivi. Gente simile non merita riguardi. (*si volge di nuovo per incamminarsi verso la stanza.*)

Daw. Fermatevi, nè ardite di fare il più che lieve insulto a quella donna. V'ho lasciato parlare per vedere com'era accettata la nostra visita, e scoprire così i di lei sentimenti; l'ho conosciuta, e basta. Vi sia di regola, che le mie intenzioni sono diverse assai da quelle che mi supponete: partite. (*va a sedere al tavolino.*)

Amb. Come comandate. (*poi da se*) Quest'uomo diventa per me sempre più incomprensibile. (*parte.*)

Daw. Ella adunque è virtuosa!... ama suo marito!... rispetta i proprj doveri!.... E con sì nobili qualità cosa pretendo io? Questo che mi agita il cuore, è dolce stima, è ardente brama di farle del bene; ovvero si celerebbe sotto questa apparente virtù un colpevole affetto?.... Dawigton, esamina bene te stesso, non illuderti, non fidarti, o trema di formare la tua e la di lei infelicità.

(*resta col volto appoggiato ad una mano, avendo il gomito sopra il tavolino.*)

SCENA VI.

Claser, e Giannino. Detto.

Cla. (*uscendo*) Fate vedere alla mamma il cavallo, la trombetta.... (*s' accorge di Dawigton*) Chi è quest' uomo?

Daw. (*all' arrivo di Cláser s' è scosso, si rivolge alquanto al lato opposto, e cerca nascondersi il volto col fazzoletto bianco, e si tira su gli occhi il cappello.*) Il maniscalco! non vorrei essere conosciuto.

Cla. (*da se*) Guarda, come studia di nascondersi? Un birbante sicuramente. (*poi avvicinandosi a Dawigton.*) Chi siete, signore? cosa volete? che fate quì?

Daw. Sto aspettando il pittore per comprare de' quadri.

Cla. Comprar quadri? Non avete parlato a qualcheduno?

Daw. Sto aspettando, vi ripeto. Di chi è quel ragazzo?

Cla. (*a Giannino*) Sentite? dimanda di voi.

Gia. Io mi chiamo Giannino, e sono figlio del pappà Carlo che fa il pittore come il nonno; ma so dipingere anch' io; guardate le belle figure che ho fatto. (*prende il foglio dal tavolino.*)

Daw. Bravo.

(*Claser va cercando di vedere Dawigton in volto, e questi sempre più procura di nascondersi.*)

Cla. Chiamerò la signora Luigia, e potrete intanto...

Daw. No no, non la sturbate: già non hò alcuna premura.

Cla. (*da se*) Quì c'è qualche magagna infallibilmente.

Daw. (*da se*) Se sapessi, come mandare via costui?

Gia. Dite la verità, vi piacciono?

Daw. Bellissime. (*cercandosi in tasca*) Galantuomo.

Cla. Comandate.

Daw. (*da se*) Che fatalità! ho dimenticato la borsa.

Cla. Avete perduto qualche cosa?

Daw. Voleva regalarvi da bere, e m'accorgo che sono senza danari.

Cla. Non importa che v'incomodiate. (*da se*) Che bravo compratore!

Daw. Non voglio però, che perdiate il frutto della mia buona intenzione. (*si leva dal borsellino l'oriuolo*) Prendete.

Cla. Cosa?

Daw. Quest'oriuolo.

Cla. Che debbo farne?

Daw. Tenerlo per voi.

Cla. Per me? (*da se*) Oggi mi piovono addosso i regali.

Daw. Prendete, e fate il piacere di lasciarmi solo con questo fanciullo.

Cla. (*prendendo l'oriuolo*) Volete restare.... Bene bene: io vado pe' fatti miei. Giannino.

Gia. Cosa volete?

Cla. Con vostra licenza. (*sottovoce a Giannino in disparte*) State qui, non vi movete, e badate bene a quello che fa quell'uomo. (*poi a Dawigton*) Vi ringrazio, e vi lascio in libertà.— (*indi da se*) Ladro di certo, che s'è nascosto; oriuolo rubato che dà a me, perchè non lo trovino indosso a lui. Alla guardia, a prevenire per tempo: ora t'accomodo io come meriti. (*parte.*)

Gia. Avete veduto tutti i nostri quadri?
Daw. No.
Gia. Sono in questa camera. (*correndo alla porta.*)
Daw. Lasciate; c' è vostra madre dentro.
Gia. Aprirà bene. Mamma! mamma!
(*chiamando ad alta voce.*)

SCENA VII.

Luigia Detti.

Lui. (*uscendo*) Sei tu, Giannino?.... Che? voi ancora qui, signore?
Daw. Non temete: io non venni per offendervi; chi ha osato insultarvi, è già partito. Degnatevi ascoltarmi. (*si alza.*)
Lui. Ah signore, avete voi stabilita la mia rovina?
Daw. No, siate tranquilla. Mi conoscete voi?
Lui. V' ho conosciuto fino dal primo momento.
Daw. E fino da quel primo momento appunto in cui vi vidi, è sparita la mia calma. La vostra immagine m' accompagnava dovunque; una insolita inquietezza mi toglieva il riposo; e ardente brama di rivedervi mi tormentava il cuore. Finalmente al caso io debbo la fortuna d' avervi ritrovata: ecco la bella Luigia, eccola a me d' innanzi a beare il mio sguardo co' suoi vezzi, col suo candore, e colla sua virtù.
Lui. E se della mia virtù siete persuaso, quali sentimenti avete a mio riguardo?
Daw. E come svelarli, se non so io stesso distinguerli. Io vi amo, non giova occultarlo: il potere del vostro sembiante m' ha ferito, e mio malgrado m' ha soggiogato; questo non è opra mia. Un ascendente superiore alla mia ragio-

ne mi signoreggia e mi guida a suo talento. Io vi amo, e piango i nodi che ci separano; formo lusinghiere speranze, e le condanno; mi fabbrico mezzi di felicità, e nell'atto stesso li distruggo; insomma un fiero contrasto mi turba, mi agita, e mi rende odioso e insopportabile a me medesimo.

Lui. Signore, la vostra passione è un delirio: chiamate in soccorso la ragione, e riacquisterete la calma. Voi siete sposo; io pure stretta sono da pari legame. Voi siete potente e ricco; io abbietta e povera, ma onorata e virtuosa; lo diceste voi stesso. Disingannatevi adunque, nè date luogo a vane speranze. Che direbbe il mondo, se nota fosse la vostra venuta in questa casa? La vostra grandezza vi porrebbe al coperto di tutto; ma la mia povertà mi esporrebbe agli insulti della maldicenza. Deh! mio signore, s' egli è vero, che qualche dominio io abbia sul vostro cuore, degnatevi partire; risparmiate inevitabili affanni a una famiglia onesta; non rendete più gravose le nostre sciagure; e lasciateci godere almeno la pace, quella pace che un solo istante può distruggere per sempre.

Dav. Oh Luigia! la tua virtù m' innamora più ancora della tua avvenenza; ma da questo momento io giuro, che sei un oggetto sacro per me. Degna tu sei di godere dolce e continua pace; io non la disturberò mai più, perchè comandi mi sono le tue preghiere. Ma non invano io t' avrò conosciuta; riparare a me spetta le ingiurie della sorte, e le mie beneficenze....

Lui. Sarebbero foriere della mia perdita: io nulla

voglio, nulla desidero; e solo vi prego e vi scongiuro....

SCENA VIII.

Amberton. Detti.

Amb. Tutto è scoperto: il pittore viene furibondo, e appena ho io potuto precederlo per prevenirvi.

Lui. Oh dio! (*spaventata.*)

Daw. Non temete. (*la prende per mano.*)

Lui. Per pietà....
(*inginocchiandosi come fuori di se.*)

SCENA IX.

Carlo, e Riccardo. Detti.

Car. Traditori! (*esce furioso, leva la spada a Amberton e si slancia contro Dawigton.*)

Ric. Figlio! (*trattenendolo di dietro.*)

Lui. Ah Carlo! (*si alza e si frappone in atto supplichevole.*)

Gia. Padre mio! (*correndo ad abbracciare le di lui ginocchia.*)

Daw. Furibondo, che oseresti?
(*ritirandosi alcuni passi, e scoprendosi*)

Car. Gran Dio! chi veggo?
(*facendo un atto di somma sorpresa.*)

SCENA X.

Claser e un Caporale con quattro soldati. Detti.

Cla. Alto, alto. Dov'è, dov'è il ladro? Eccolo là; venite, arrestà.... L'Aldermanno!.... Ora si ho fatto io la magagna grossa. (*restando incantato, e levandosi la berretta.*)

Car. Signore, bisogno non v'era d'ingannevoli pretesti per allontanarmi dal mio tetto. Se l'innocenza qui v'avesse condotto, non avreste avuto ricorso a segreti maneggi; ma la pravità delle vostre intenzioni a bastanza l'ho conosciuta ne' discorsi artifiziosi del vostro vile confidente. Vile sì ed infame, poichè può degradarsi a prestar mano alla seduzione e al disonore; infami quanti complici vi sono in questo infernale complotto, e voi stesso pure.... Oh! che dico? ove trascorro?.... Eccomi a' vostri piedi. Se bramate il mio sangue; se quello volete di tutta la mia famiglia; eccolo: io lo sacrifico a voi, alla patria, al bene de' miei concittadini. Comandate, imponete; stenti, perigli, miseria, tutto noi sapremo soffrire e incontrare con coraggio; io pel primo, io volontario offrirò il petto per difendere il vostro rango, la maestà delle leggi, e oppormi alla disubbidienza, e al disordine. (*alzandosi*) Ma se attentare si vuole all'onor mio; se coprirmi si tenta d'ignominia; lo attesto al cielo; agli uomini, al mondo tutto io lo attesto.... moglie, figlio, e quant'ho di più caro, pronto sono a sacrificare, a versarne fino all'ultima stilla il sangue, e a fare una giusta, orribile ed esemplare vendetta. (*parte.*)

Lui. Ecco l'abisso ch'io prevedeva; ecco l'istante fatale che m'ha involato la pace. Godete, se ve ne dà l'animo, ma tremate dell'ira vendicatrice del cielo. (*parte con Giannino.*)

Ric. Signore, che mai faceste?

Daw. Un passo a cui mi guidò l'imprudenza. Amberton, Caporale, partite, e dell'accaduto non fate parola.

(*Amb. e Caporale partono co' soldati.*)

Venite, amico: ho turbato la pace di questa famiglia, ed è mio dovere di restituirvela. Errai, non arrossisco confessarlo; ma l'errore è da uomo, l'emenda è per la virtù, la perseveranza nel fallo è degna delle anime vili e corrotte, che altre voci non ascoltano, che quelle del vizio e della scelleratezza.

(*parte con Riccardo.*)

Cla. L'Aldermanno!.... il ritratto!.... la ghinea!.... Ah povero me! m'hanno fatto fare il bel mestiere senza mia saputa. (*parte.*)

Fine dell' Atto secondo.

ATTO TERZO.

SCENA I.

Riccardo è seduto presso il tavolino, e Carlo passeggia torbido e pensieroso.

Ric. (*da se*) Come la discordia presto s'introduce ad avvelenare la domestica tranquillità! Poc' anzi tutto era qui amicizia, e mutuo affetto; ora la diffidenza vi domina, e l'inquieta gelosia; ma non tarderà l'innocenza a dissipare questo passaggiero turbine, e a ricondurre la serenità della pace, delizia de' cuori teneri e virtuosi.

SCENA II.

Luigia esce dalla stanza con un lume che mette sul tavolino, indi guarda Riccardo e Carlo.

Lui. (*da se*) Taciturno l'uno, e smanioso l'altro!... Potrebbero credermi rea? dentro di loro potrebbero oltraggiarmi?... Escasi da questa incertezza. (*avvicinandosi a Carlo*) Sposo!

Car. Allontanati.

Lui. Tu mi scacci?

Car. Va dal tuo protettore; egli ti attende, e in breve diversa sarà la tua sorte.

Lui. Carlo, io non merito questi pungenti detti; tu sei in errore; e benchè l'apparenza possa farmi apparir colpevole, io sono innocente, o Carlo; io vittima sono, come lo sei tu pure, d'una trama infernale. Quando in te sorgeva il dubbio dell' inganno; in me risvegliavasi il coraggioso dovere di confonderne gli artefici. Con fermezza loro appresi i sensi miei, ricusai le offerte, non m' atterrii alle minaccie, nè mi lasciai sedurre da lusinghiere promesse. Nulla, lo giuro al cielo che mi legge in cuore, nulla avrebbe potuto farmi dimenticare il mio Carlo: la morte piuttosto incontrata avrei, che tradirti; e questa morte io da te imploro. Sì, Carlo, eccomi a' piedi tuoi, svenami pure; più volontieri io muojo, che vivere infedele agli occhi tuoi; toglimi l' esistenza, se tolto m' hai l' amor tuo. Senza di questo Luigia è infelice, e Luigia infelice implora piuttosto, benchè innocente, il tuo sdegno, e la tua vendetta.

Car. Sì, lo credo al tuo dolore, e soave m' è troppo il crederlo per esitare un istante ancora a stringerti al mio seno. Sposa, perdona a' miei gelosi trasporti!

(prendendola per mano in atto d' alzarla.)

Lui. Mi credi tu innocente?

Car. Ogni dubbio è svanito.

Lui. Oh Carlo! mio diletto Carlo!

(alzandosi e gettandosi fra le sue braccia. Questo breve dialogo vada aumentando sempre di forza, e sia eseguito con tutta l' espressione della voce, e dell' azione.)

Car. Mia cara Luigia!

Lui. L' amor tuo....

Car. Sempre costante.

Lui. E nulla, nulla potrà separarci....

Car. Se non la morte.

Lui. Ah padre! (*fuori di se per la gioja corre a inginocchiarsi d' innanzi a Riccardo. Car. lo fa lo stesso dall' altra parte.*)

Car. Padre mio!

Lui. Ecco i figli vostri riconciliati.

Car. Confermate voi la nostra pace....

Lui. Colla vostra benedizione.

Ric. (*alzandoli*) Non più, figli miei, non più: voi spargete nuova gioja nel mio seno, e mi fate dimenticare il peso dell' età mia. Cielo, tu che vedi la pura tenerezza conjugale di questi amanti cuori, tu versa su loro i doni tuoi, e fa, chè la malvagità mai giunga a disunirli; ascolta, colle lacrime dell' amore paterno io t' imploro, ascolta i voti d' un misero vecchio, ed esaudisci le preghiere d' un affettuoso padre.

SCENA III.

Mortlei in soprabito, con cappello rotondo, bastone, guanti, stivali, come da viaggio: nella voce e ne' gesti si vede l' uomo circospetto, e che studia di non farsi conoscere.

Mor. (*batte alla porta.*)

Lui. Hanno bussato. Fosse mai....

Car. Non temere; ora m' hai al tuo fianco.

Ric. (*intanto è andato sulla porta*) Entrate, signore.

Mor. (*entra, e guarda intorno*) Gli oggetti che miro, mi fanno sperare di non essermi ingannato.

Ric. Chi ricercate?

Mor. Il pittore Riccardo Landerson.

Ric. Sono io per servirvi.

Mor. E questi?

Ric. Mio figlio ch' esercita la stessa professione.

Car. E questa è mia moglie.

Mor. V' è nessuno nelle vicine stanze?

Lui. Nessuno, fuori del piccolo mio figlio che dorme.

Mor. Compiacetevi chiudere quella porta.

Lui. Vi servo. (*va a chiudere a catenaccio la portá d' ingresso.*)

Mor. Posso essere veduto, udíto?....

Car. Non da altri che da noi.

Mor. (*riprende la sua voce naturale, e depone bastone e cappello sul tavolino.*) Ringraziato sia il cielo! alla fine sono in casa di persone oneste.

Ric. Poveri, ma onorati; lo diceste, o signore.

Mor. (*prendendo una sedia*) Permettete ch' io segga. (*siede quasi nel mezzo della scena.*)

Lui. Sposo, che significa questa misteriosa condotta? (*sottovoce a Carlo.*)

Car. Non so comprenderla; più mi risveglia rispetto che curiosità.

Ric. (*da se*) Quel volto non m' è nuovo.... ma non posso risovvenirmi nè dove nè quando.

Mor. Buon vecchio, voi mi guardate con molta attenzione.

Ric. Perdonate....

Mor. Vi sembra forse di riconoscermi?

Ric. Non lo nego: ho una idea confusa della vostra fisonomia; ma....

Mor. Mi conoscerete. Per ora contentatevi di vedere in me il bersaglio dell' avversa sorte, l' oggetto d' una persecuzione la più ingiusta e la più crudele.

Ric. Vi compiango.

Mor. Ditemi: dieci anni fa, non vi pervenne una lettera, che vi presentava il soggetto d' un quadro, e ve ne commetteva l'esecuzione col premio di cinquanta ghineé?

Ric. Si signore: sareste voi per avventura....

Mor. Io appunto che vi scrissi da Lisbona. M'avete serbato il segreto?

Ric. Colla più scrupolosa pontualità.

Mor. Avete eseguito il quadro?

Ric. 'E già in pronto da quasi nove anni.

Mor. Dov' è?

Ric. Riposto in luogo sicuro nella mia stanza.

Mor. (*alzandosi*) Compiacetevi di farmelo vedere.

Ric. Subito. (*accende una candela, ed entra in camera.*)

Mor. (*da se*) Anima mia, preparati a riaprire tutte le fonti delle tue angoscie: tu rivedrai oggetti d'orrore e di tenerezza; tu di raccapriccio insieme e d'amore.... Dio! clemente Dio! la tua assistenza.

Lui. (*sottovoce a Carlo*) Sposo, la vista di quest' uomo, il suo venerabile aspetto m'inspira un sentimento di rispettosa tenerezza.

Car. Egli racchiude al certo qualche grande arcano.

Ric. Eccomi col quadro.

(*Riccardo esce con un gran quadro di tela senza cornice dell'altezza all'incirca d' un uomo, e quasi di pari larghezza: Carlo e Riccardo lo pongono sopra due sedie. Nel quadro vedesi una donna a forza strappata da due sgherri in tempo di notte dalle braccia d'una tenera fanciulla che piange e si dispera: non lungi da una parte due uomini, l'uno vestito di nero, e l'altro in uniforme, che mirano ridendo l'atto crudele, e sembrano approvarlo e goderne.*

Più addietro in distanza un uffiziale a cavallo, e un villano che gli presenta un foglio.)

Car. Favorite da questa parte.

Ric. Carlo, avvicina quell' altro lume. Mi rincresce, che ora non potrete vedere il lavoro; ma domani spero, che rimarrete contento.

Mor. (*fissa il quadro, e resta in una cupa attenzione per breve spazio, indi con voce tetra e concentrata dice fra se:*) Così i barbari la strappavano dalle braccia della figlia! Così esultavano tra loro i miei nemici; mentre a me preparavasi un assassinio, da cui mi sottrasse un pietoso avviso.

Ric. Vi sembra, che il soggetto sia esaurito, e che abbia colto nella espressione quale mi venne indicata?

Mor. (*continua immobile e palpitante a contemplare il quadro.*)

Ric. Dite pure francamente il vostro parere: se occorre, potrò darvi qualche toccata.

Mor. (*si porta la mano sul cuore, e piange.*)

Lui. Oh padre! egli piange.

Car. Il dolore sembra averlo ammutolito.

Lui. Gli venisse male? (*affrettandosi con Carlo e Riccardo intorno a lui, e recandogli una sedia, su cui Mortlei s' abbandona.*)

Ric. Se v' occorre qualche ajuto....

Car. O se avete bisogno di riposo....

Mor. (*con voce piangente, e debole*) No, miei cari.... Orribili rimembranze.... m' opprimono il cuore..... i sensi mal reggono alle angustie tante, e sento che le forze..... ma il cielo, io spero, vorrà sostenere ancora il debole filo della mia tormentata esistenza.

Ric. Mi nasce un dubbio. Ditemi, signore; vero sarebbe forse il soggetto dipinto in quella tela? Sareste voi....

Mor. Io ne sono la vittima sventurata. Sedetevi presso di me: io vi narrerò la mia luttuosa storia; vi svelerò orrendi delitti; e i loro scellerati autori scoprendo..... Ma posso io farlo? posso deporre nel vostro seno l'infamia loro, e la mia sciagura senza tema che un accento mi tradisca e mi perda?

Ric. Noi tradire un infelice?

Car. Perdere un uomo, sulla cui fronte sta scolpita la serenità della sua coscienza?

Lui. Parlate, signore; niuna tema vi trattenga: noi serberemo a qualunque costo il vostro arcano.

Mor. Ebbene.... uditemi. Voi, buon vecchio, vi ricorderete, che sotto il precedente....

SCENA IV.

Odesi una forte e replicata battuta alla porta; indi Claser. Detti.

Mor. Oh dio! sono inseguito. (*alzandosi con ispavento, e seco lui gli altri.*)

Lui. Salvatelo.

Car. Nella mia stanza.
(*prendendo Mortlei per mano.*)

Cla. (*di dentro chiamando*) Signor Riccardo! Signora Luigia!

Ric. Rasserenatevi: è un buon uomo nostro vicino.
(*va ad aprire.*)

Lui. Restate pure senza timore; è un povero artigiano, ma onesto e compassionevole.

Cla. (*entrando*) Un lume, presto; andiamole incontro, che non si faccia male per le scale.

Ric. Chi?

Cla. Una signora che cerca di voi; ma una signora.... presto, presto, venite con me con questo lume. (*prendendo un lume, e Riccardo per mano.*)

Ric. Carlo, metti via il quadro, e anche.... m'intendi?

Cla. Spicciatevi. (*parte seco conducendo Ric.*)

Car. Luigia, conducilo nella nostra stanza. (*intanto egli leva il quadro, e lo appoggia rivolto alla parete.*)

Lui. Là, signore; abbiate sofferenza per alcuni momenti.

Mor. Per amore del cielo, che io non sia scoperto! rammentatevi, che la mia vita è in pericolo.

Lui. Fidatevi di noi. (*accompagnandolo alla stanza col lume.*)

Mor. Restate.

Lui. Il lume almeno.

Mor. Non mi occorre. (*entra nella stanza, e ne chiude la porta.*)

Lui. Chi mai può essere a ora si avanzata? (*rimettendo il lume sul tavolino.*)

Car. Chiunque sia, molto inopportuna giunge la di lei visita.

SCENA V.

Claser precede col lume, poi Emilia, e Riccardo: Detti.

Cla. (*sulla porta facendo lume*) Oh! adagio, che lì c'è una pietra smossa. Ora venite pure innanzi francamente, che i passi scabrosi sono passati. (*entra Emilia seguita da Riccardo.*)

Car. La moglie dell' Aldermanno!

Lui. Oh cielo! (*fra loro facendo una riverenza.*)

Ric. Se comandate d'accomodarvi....

Emi. Vi ringrazio. (*guardando Luigia dice da se*) Essa è avvenente..... il suo aspetto è modesto.... Possa la virtù albergare nel di lei cuore!

Cla. Ecco la famiglia che ricercate. Questi, già ve l'ho detto, è il padre; questi è il signor Carlo suo figlio, e sposo della signora Luigia; e quest' altro.... quest' altro....

(*guardando intorno.*)

Ric. Che altri?

(*facendo cenni a Claser di tacere, in modo di non essere osservato da Emilia.*)

Cla. Ma non c' era qui....

Car. Nessuno. (*facendo cenni come sopra.*)

Cla. Nessuno? se quando sono venuto....

Lui. Eravamo noi tre.

Cla. Ma no.

Lui. Ma si.

Cla. Via, sarà come dite, e io avrò traveduto.

Ric. E quale premuroso motivo, o mia signora, ci procura la sorte della vostra presenza?

Emi. La perdita della pace, e il desiderio di ricuperarla.

Lui. Signora, se voi....

Emi. Io impetro appunto questa pace da voi che mi siete rivale. Non v' infingete, (*a Luigia che volea parlare*) non mendicate pretesti; già tutto m'è noto. Dawigton più non mi cura; il suo cuore ognora più s' allontana dal mio; e ben presto mi attende la noncuranza, e forse un totale abbandono. Che sarà allora di me sventurata? Che mi varrà d'avere uno sposo che adoro, se presso di lui non troverò che indifferenza e disprezzo? L'immàgine felice del passato non servirà che ad accrescere il mio tormento; e l'avvenire mi si presenterà con angoscie ancora più orribili. Ecco quale sarà l'opra vostra; ecco dove mi strascinerete, se prima il dolore non m'uccide. Ah! la morte piuttosto, che sopravvivere a tanto insulto, e a tanto affanno. Deh! per que' primi istanti di tenerezza che v'uni al vostro sposo, io vi supplico, vi scongiuro di lasciarmi il cuore del mio consorte. Se avida siete di ricchezze; se aspirate a fortuna, io dividerò con voi quanto possego; ma siate virtuosa, e non date ascolto al delirio d'una passione, che può essere fatale a voi, a me, e a Dawigton stesso.

Lui. Signora, io credeva, che, prima di venire in questa casa, a voi tutto fosse noto, siccome avete detto; ma ben mi avveggo che ignorate l'essenziale, e voi permetterete, che nella sua verità ve lo esponga. Vero è purtroppo, che il vostro sposo ha potuto dimenticare quanto a voi dee, e a se stesso; ma spero, che la ricevuta accoglienza l'avrà convinto quali sieno i miei sentimenti. Egli però è assai meno colpevole de' vili fomentatori d'una passione che passaggiera sarebbe stata, se il fuoco non ne avessero attizzato gli scellerati fabbri del mio e vostro affanno. Io ringrazio il cielo di conoscerli per essere pronta a sottrarmi da qualunque loro malvagio artifizio. Voi temete la perdita d'uno sposo che adorate; ed io pure pavento quella d'un compagno che idolatro: voi vi lagnate della di lui noncuranza, ed io per causa sua avea già cominciato a provare i funesti effetti della gelosia. L'offerta delle vostre ricchezze è vana ed ingiuriosa; non ho d' uopo di così disonorante stimolo per eseguire ciò che m' impongono i sacri doveri di moglie e di madre. Resti pure l'Aldermanno nella sua grandezza; mi risparmj il non ricercato onore della sua presenza; nè mai più venga a sturbare la dolce armonia che da pochi istanti è ritornata fra noi. Ma siavi noto, o signora, che, se accecato da una folle passione, o subornato da perfidi consiglieri, egli qui ricomparisce; se dimentico de' suoi e de' miei legami tentasse di perseguitarmi; io fuggirò da queste mura co' cari oggetti della mia tenerezza, farò ritorno alle selve dove fui allevata; e in mezzo a' selvaggi, in seno a povertà Luigia sarà madre contenta, e sposa onorata e fedele.

Emi. Oh amica, che tale da questo momento mi sei, tu bandisci ogni tema, ogni affanno dal mio cuore. In questo amplesso abbia principio tra noi una vera e stabile amicizia. Non mi perdonerai il torto che il mio sospetto ha fatto alla tua virtù, tu che conosci la forza del conjugale amore?

Lui. Tutto ho già dimenticato. (*si abbracciano.*)

Emi. Voi ora diceste di far ritorno alle selve; qui adunque non siete nata?

Lui. Dove nata io sia, e da chi abbia avuto la vita, ignoro; al primo uso di ragione mi trovai da questa città non molto lungi presso una povera famiglia di contadini che non erano se non che i miei benefattori."

Car. Ritornando io da Boston, dove feci gli studj necessarj alla mia professione, vidi Luigia; più de' vezzi suoi, m' innamorò il suo contegno nobile e modesto; e il mio buon padre acconsentì al nostro nodo per ritrarla da uno stato a cui sembrava che nata non fosse.

SCENA VI.

Mortlei. Detti.

Mor. (*da se sulla porta*) Che sento?

Lui. La natura m' avea forse collocata in un rango differente da quello in cui mi ritrovava; ma come leggere nelle tenebre del passato?

Emi. Ma que' contadini sapranno....

Ric. Non altro sanno deporre, se non che, ritornando uno di loro dalla città in ora avanzata della notte, compionsi oggimai quattro lustri, udì fanciullesche grida nel bosco, e vi rinvenne Luigia che due anni poco più dimostrava, e ch' egli portò al rustico suo abituro.

Mor. (*da se*) Qual combinazione di tempo!

Emi. Possibile, che nessuna idea voi abbiate conservata della vostra infanzia?

Lui. Un sogno io vi traveggo d' oggetti di terrore e di pianto.... una donna che piangente mi tiene stretta fra le sue braccia.... ceffi spaventevoli che me ne strappano.... e poi oscurità e confusione.

Emi. Nè segnale alcuno....

Lui. (*levandosi dal seno un piccolo ritratto chiuso fra due cristalli*)

Ecco l' unico pegno che mi fu trovato indosso, e ch' io gelosamente conservo, benchè forse invano.

Emi. Questo è il ritratto di giovane e avvenente donna.

Car. Osservate di dietro questa cifra formata da una M. e da un E.

Mor. (*con un grido di gioja*) Gran Dio!

Emi. Che fu?

Mor. (*avanzandosi*) Per pietà lasciatemi vedere. (*prende il ritratto.*)

Cla. Ah c' era poi il quarto!

Mor. L' arcano è scoperto: questa, è questa la sventurata Enrichetta.

Car. Che dite?

Mor. (*a Luigia*) O Sofia, mia sospirata Sofia, vieni al mio seno.

Lui. A me, signore?

Mor. Tu hai rinvenuto tuo padre.

Lui. Sarebbe vero?

Mor. Non v' ha più dubbio. Dov' è, dov' è il quadro, che la più orrenda catastrofe disvela della mia sciagura. (*Riccardo e Carlo hanno subito riposto il quadro come stava da prima*) Mira su questa tela spiegata l' epoca più importante della tua infanzia, che il terrore ti scolpì nella tenera mente, e di cui serbi ancora, ad onta degli anni, confuse traccie. Quella donna che vedi pallida, piangente e disperata, quella è tua madre che invano cerca di trattenerti fra le amorose sue braccia; guarda ora te stessa inorridita e gemebonda, che a forza alcuni sgherri svelgono dal materno seno per trasportarti altrove, e dividerti per sempre da chi ti diede la vita. Osservo là in quel canto i perfidi autori di sì disumano attentato, che ridono ed esultano del fortunato esito de' loro tradimenti. Ma qui non arrestasi la loro barbarie. Mentre ignaro di tutto, impaziente io ritornava alla patria, da cui privati affari m'aveano allontanato, vendetta m' attendeva al varco con compri sicarj; già m'avvicinava tranquillo al teso agguato, in cui sarei caduto sotto il ferro degli assassini, se amica mano non m' avesse scoperto con un foglio le ordite trame. Io fuggo allora da questa terra, e la nuova mi raggiunge della perdita d' Enrichetta e della innocente figlia. Contempla questo quadro, che la verità rappresenta in tutto il suo lume, benchè l' iniquità avvolta siasi fra le tenebre; ma altre più tetre e più orride tenebre restano ancora da dissiparsi, che ti faranno conoscere, fin dove giunger possa l' odio, la crudeltà, e la vendetta d' uomini non già, ma di belve le più feroci.

Lui. Voi mio padre?

Mor. Sì, tu sei la mia rapita Sofia; il ritratto di tua madre fu il primo pegno d' amore che da me ebbe, e ch' essa t' appese al collo, quando mettesti i primi vagiti, come testimonio della sua materna gioja.

Lui. Oh padre! sventurato padre!

Mor. Ma lieto ora e felice, se dopo tant' anni d' angoscie stringo al mio seno uno de' cari oggetti della mia tenerezza. Oh figlia! mia diletta figlia!..... *(abbracciandola)* Momento d'inesprimibile felicità!

Cla. *(da se)* Piango, e non so bene, se per allegrezza o per compassione.

Emi. Signore, volete voi compiacervi di dirmi il vostro nome?

Mor. Io.... scusate....

Emi. 'E giusta la vostra diffidenza; ma voi parlaste di tradimenti, di vendette e di delitti; io sono moglie dell' Aldermanno Dawigton che vi renderà la giustizia che v'è dovuta. A nome suo io vi prometto la protezione delle leggi, e il mio tetto stesso per vostro asilo.

Lui. Sì, padre mio, fidatevi: essa m' ha data la sua amicizia: potete voi temere dell' amica di vostra figlia?

Mor. A voi adunque abbandono la mia vita. Vedete in me il Maggiore Mortlei, che sotto il predecessore del vostro sposo fu sacrificato alle trame di due traditori.

Emi. Nominateli.

Mor. Amberton e Duglas.

Emi. Che sento?

Mor. Un nulla in paragone di quanto ho testè scoperto?

Emi. Che più?

Mor. Enrichetta, la sventurata mia sposa vive seppellita in orrido carcere.

Lui. Cielo! la madre mia? Quale orrore!

Mor. La Provvidenza per impensata via m' ha condotto a disvelarlo. Stamane appena giunto parvemi d' essere preso in sospetto; questa dubbiezza mi rese guardingo, e studiai di sottrarmi da chi parea seguirmi. Dopo essermi aggirato tra la folla, m' avviai per le vie meno frequentate verso le mura, incerto ancora del partito che dovea prendere; quando il cuore mi suggerisce di celarmi in qualche umile abituro per attendervi la notte. Entro in una miserabile stanza, e chiedo il permesso di fermarmi alquanto sotto pretesto di debolezza; ma seduto appena io sono, che quel buon vecchio getta un grido, mi si slancia fra le braccia, si dà a conoscere per *James* mio fedele servitore, e mi narra..... Più non vi dico: se amate conoscere la verità, seguitemi, e udrete non solo, ma vedrete cose che vi faranno pietà a un tempo e orrore.

Emi. Non a caso il cielo m'ha qui condotta: egli mi fa travedere un mezzo..... sì, meco venite, e siate a parte di quanto ravvolgo in mente. Questa è la notte che servir dee di meta a' vostri affanni, e dar principio alla punizione degli scellerati. Più non s'indugj: appieno riacquisterò io uno sposo, voi colla figlia riavrete una moglie sventurata; e col nuovo giorno, mentre lieti gioiremo in braccio della contentezza, il fulmine della giustizia cadrà sopra gl' iniqui traditori.

Mor. Cielo! ti ringrazio: io oso riaprire il cuore alla speranza.

Lui. Degna protettrice....

Emi. Ogni momento è prezioso: andiamo.

(s' incamminano tutti.)

Cla. Sono quà io a far lume. *(prendendo i lumi.)* Birbanti, a domani manca poco. *(precede gli altri, e intanto cala il sipario.)*

Fine dell' Atto terzo.

ATTO QUARTO.

Luogo rimoto della città con varie fabbriche diroccate, divise nel mezzo da una strada angusta. A sinistra vedesi parte delle mura d' un vecchio castello con varj lunghi pertugj, a foggia di finestre, larghi di fuori, e stretti nell' interno con barre di ferro. Tutto dee spirare antichità e rovina, accrescendone l' orrore profonda notte.

SCENA I.

Claser conducendo per mano Dawigton.

Cla. Ancora pochi passi, e dobbiamo esserci.... *(guarda intorno)* Si si: eccovi nella residenza de' pipistrelli e degli alocchi.

Daw. Uomo, bada di non ingannarmi!

Cla. Io non ne sono capace; e poi so bene, che non va trescato co' pari vostri.

Daw. E qui dee venir Luigia?

Cla. Non ve l' ha detto col suo bigliettino dolce?

Daw. Si.

Cla. Dunque vado, come siamo rimasti intesi, a prenderla, e fra pochi minuti ve la conduco.

Daw. E come mai ha potuto determinarsi....

Cla. Cervello femminino, caro signore; oggi non vuole, e domani desidera.

Daw. E suo marito?

Cla. In confidenza..... anche il marito ha pensato meglio, ed è arci-che contento.

Daw. Ma come mai una virtù così austera....

Cla. Vi dirò: la signora Luigia ha due virtù, una per il giorno, e l'altra per la notte.

Daw. Pure un cambiamento tanto repentino mi sorprende.

Cla. Bisogna sapere, che anche a lei è accaduto un certo non so che fuori dell'ordinario, da cui era lontana le migliaja e migliaja di leghe.

Daw. Non intendo.

Cla. Un poco di pazienza, e intenderete. Abbiate la bontà di aspettare, e fra momenti sono di ritorno. Capisco già, che in apparenza non fo buona figura presso di voi, e che esercito un mestiere che non mi onora troppo; ma ho il cuore buono, compassionevole, portato per l'umanità, e alle donne non so dire di no. Vado è torno. *(parte.)*

Daw. *(dopo breve pausa)* Quale profondo silenzio mi regna intorno? Che dense tenebre mi avvolgono? Sembra, che la natura sia morta per me, e che perfino il cielo si ricopra di nere nubi per involarsi al mio sguardo. Ma che importa a me del mondo intero, se tra breve due astri di bellezza mi spargeranno intorno raggi di soavissima luce? se l'adorabile Luigia..... E perchè a questo nome un palpito angoscioso m'assale?.... Saresti tu, terribile foriere della colpa? Il rimorso precederebbe già.... Ah! non è possibile; io non posso, io non voglio esser reo, se tanto costa il tentar solamente di divenirlo.

SCENA II.

Claser conduce per mano Emilia, che tiene coll' altra Luigia. Detto.

Cla. *(avanzandosi e chiamando)* Eh! Bst! dove siete?

Daw. *(da se)* Eccola... qual nuovo tremito al cuore?

Cla. Non rispondete? Sono l'amico di buon stomaco coll'amica, già c' intendiamo.

Daw. *(da se)* No, non so risolvermi.

Cla. E così? la signora Luigia....

Daw. Taci, non proferir questo nome, che solo basta.... va, parti, altrove conducila; io pavento e tremo di me stesso.

Cla. Oh buona! che diamine v' è saltato in capo? Animo, animo; datemi la vostra mano....

Daw. Scostati: un semplice tocco può tradire...... può farmi obbliare ogni dovere...... no, no, questo cuore non è fatto per la colpa.

Cla. Che colpa! qui non c'è, e non dev' esserci nulla di male; anzi tutto s'è fatto e si fa per fine di bene: non è vero, signora Luigia? *(sottovoce e presto a Luigia)* Rispondetegli; o si guasta la macchina.

Lui. Rassicuratevi, signore: io ho bramato favellarvi per un affare che virtù richiede e non delitto.

Daw. Ah! questa voce.... queste due parole mi rincorano, ed io..... sono qui, t' ascolto, e prometto quanto vuoi, perchè tu non sei capace di chiedere....

Lui. Giustizia, e non altro.

Daw. E giustizia io ti prometto.

Cla. Oh bravo! *(lo prende per mano, che unisce*

a quella d'Emilia) Cinque e cinque fanno dieci. Stringete pure a vostro bell'agio, che v'assicuro io in coscienza da maniscalco, che non v'è nè anche per sogno ombra di male. Intanto vi dò una felicissima notte.

(passa di dietro, e prende Luigia per mano.)

Lui. Egli è virtuoso. } *(piano fra loro.)*
Emi. E io n'esulto. }

Cla. *(sottovoce a Luigia)* Andiamo a compiere l'opra: qui la nostra testimonianza è inutile....

(parte con Luigia.)

Daw. Non mi parlate? Qual è l'affare che a me con tanto mistero vi conduce? Svelatelo: pronto sono a secondare le vostre brame. *(breve pausa)* Oh cielo! la vostra mano trema? crederesste forse.... Luigia, bando a qualunque timore: io giuro di rispettarvi.

Emi. *(con voce alterata)* Vostra moglie....

Daw. È andata a Sonderling per godere l'aria salubre di que' colli. Quell'anima sensibile ha letto nel mio cuore, e il motivo ha già traspirato della mia freddezza. Oh Luigia! quanto non degg'io alla tua virtù! tu m'hai arrestato sull'orlo del precipizio, in cui stava per piombarmi un delirio, aumentato da perfidi e falsi amici; mercè tua la ragione m'ha richiamato a' doveri del mio rango e della famiglia, e mi rende immune da colpa alla mia calma, e alla mia degna e virtuosa Emilia.

Emi. *(trasportata dalla gioja esclama)*
Dawigton!.... *(ma non finisce il nome, e si trattiene per non tradirsi.)*

Daw. Che hai? il tuo tremito cresce?

Emi. (sospira, e porta la mano di Dawigton in alto, sopra appoggiandovi la fronte.)

Daw. Tu piangi? *(ritirando la mano)* si, le tue lagrime m' hanno bagnato la destra. Ah! parla, svelami i tuoi affanni; io pronto sono..... ma qual rumore? *(ascoltando)* qualcheduno s' avanza.... ma al bujo.... se teco non fossi, irragionevole non sarebbe il sospetto di qualche tradimento.

Emi. (con voce sommessa e alterata)
Silenzio, e s' ascolti. *(tirandosi seco lui alquanto in disparte.)*

SCENA III.

James con lanterna accesa ma chiusa, seguito da Mortlei, Riccardo, Luigia, Carlo, e Claser. Detti.

Jam. Fermatevi.

Mor. Presso adunque siamo al luogo, dove la vendetta ha esaurito la sua barbarie? Di qui non lungi adunque vive non viva al mondo la sventurata mia moglie, Enrichetta Mortlei?

Daw. (verso Emilia) Mortlei! questo nome....

Emi. (come sopra) Tacete.

Mor. Servo fedele, narrami: da quanto tempo vieni tu nel silenzio della notte a esercitare un atto il più degno, e il più umano?

Jam. Quasi da vent' anni; nè il più rigido gelo, nè il turbine più burrascoso, nè la tema di morte m' hanno trattenuto dal venire ogni notte a porgere qualche alimento, e qualche consolazione alla sventurata mia padrona.

Mor. E come giungesti tu a scoprirla, se geme in

un sotterraneo di questo vecchio castello, e nel più solitario quartiere della città?

Jam. Per un prodigio del cielo: uditemi.

Cla. (*da se*) Ora comincia la dichiarazione amorosa per l'amico.

Jam. Durante il tempo che voi eravate andato a Boston, non so se con pubblica missione, o per privati affari; il Cancelliere Duglas frequentò la padrona, che affabilmente lo accoglieva siccome vostro amico; ma io m'era avveduto, che a lui indifferenti non erano i di lei vezzi. Un giorno che mi portava alle sue stanze per riferirle il risultato d'alcune cose che m'avea ordinate, giuntone alla porta, odo la voce della padrona, e distinguo i nomi di scellerato e di traditore; quasi nel tempo stesso ne uscì il Cancelliere minaccioso e fremente. Entrai, e le chiesi il motivo del di lei turbamento; ma la sua prudenza non le permise di svelarmelo. Da quel giorno fatale Duglas cessò da ogni visita. Già le vostre lettere ci annunziavano il prossimo vostro ritorno; già la serenità ricompariva sul volto della padrona; quando d'improvviso si circonda una notte con forza armata la casa; l'infelice Enrichetta viene a forza strappata dalle braccia della tenera Sofia, e via condotta; questa pure a noi si toglie e sparisce; e tutti i vostri servi vengono gelosamente custoditi a vista. Cominciasi un severo esame; si vuole, che deponiamo contro di voi e la moglie inventati delitti; si minaccia esiglio e morte, e si forma un processo a capriccio, un processo ingiusto e infame.

Daw. (a Emilia sommessamente) Possibile, che Duglas....

Emi. (con voce come sopra) Udiamo il resto.

Jam. Passammo in questa angosciosa incertezza sette giorni; allorchè gli sgherri che ci attorniavano, cominciano a trattarci da complici d'alto tradimento, e ci minacciano d' una vicina morte. Poche ore dopo odonsi nella pubblica via forsennate grida, e spaventosi urli: una ciurma di malviventi invade il vostro albergo, e lo pone a sacco. Io colgo un favorevole istante, frammezzo all' affollata plebe mi confondo, fuggo e qui m' appiatto fra questi rovinosi edifizj. Al sopraggiungere della notte esco dal mio nascondiglio; e mentre presso alle mura di quel vecchio castello incerto vo ravvolgendo in mente qual partito debba prendere; parmi udire umani lamenti che da' sotterranei vengano del castello medesimo. Mi pongo in ascolto, seguo il lamentevole suono, e fra cespugli e dirupati sassi m' accosto a uno di que' lunghi fori, scavati nella grossezza del muro. Colà giunto.... figuratevi la mia sorpresa; distinguo la piangente voce della padrona, che al cielo si raccomanda, e l' ajuto suo implora. A nome più volte la chiamo; dessa m' ode alla fine, mi conosce, e mi narra, che seppellita l' hanno viva in quel fondo di torre; che già da più di ventiquattr' ore è priva d' ogni alimento; e che l' hanno condannata a morire di fame. No, che voi non morrete, o mia cara padrona, io esclamo; non per caso il cielo m' ha qui condotto. E tosto io corro in traccia di qualche ristoro che a stento fo a lei pervenire, tanta è la grossezza del muro, dovendo l'uno e l'altra allungare le braccia a traverso delle barre di ferro, che ne impediscono il passaggio. In breve tempo il poco danaro che serbato avea, fu consumato; ma non si scemò in me la brama, di soccorrere quell'infelice. Vent'anni oramai sono, che sull'imbrunir della notte esco dal mio abituro, e implorando la pietà degli uomini, traggo uno scarso alimento per ambedue; di quando in quando le ho recato qualche poco di paglia per renderle meno penoso il sonno, e qualche miserabile cencio per coprirsi e ripararsi dall'umido e dal freddo. Essa vive ancora; ma qual vita sia; ben voi immaginarlo potete: io ho cooperato a serbargliela, e delle mie pene sarò pago, se giusto il cielo vorrà far conoscere l'innocenza, trionfare la verità, e scoprendo la calunnia e il delitto punirne gli scellerati autori.

Daw. (Quale orribile inviluppo di barbarie e d'ingiustizia!)

Mor. Oh James! anima grande e virtuosa!

Lui. Se v'ha giustizia in terra; se v'ha in cielo; potranno non essere esauditi i tuoi voti?

Daw. (*sorpreso*) Qual voce?....

Emi. (*con forza, ma con suono alterato*) Quella della verità; taci e l'ascolta.

Mor. Oh figlia! se ha piaciuto al cielo di rendermi padre avventurato, non mi renderà egli puranche sposo contento?

Lui. Non ne dubitate, o padre; l'Aldermanno è virtuoso e giusto; egli farà parlare la legge.

Daw. (*con maggiore sorpresa a Emilia*) È dessa! Luigia! e tu chi sei?....

Emi. *(come sopra)* Non è tempo ancora, acchetati.

Mor. A che più si tarda? Rechiamo questa consolazione alla povera Enrichetta.

Jam. Seguitemi. *(James s' avanza verso il foro delle mura, seguito da Mortlei che seco conduce per mano Luigia.)*

Ric. Figlio! *(fra loro.)*

Car. Oh padre! ho il cuore oppresso, e appena ritrovo accenti.

Daw. *(da se)* Sogno? deliro? Luigia meco era, ed ora una incognita... io mi perdo e mi confondo.

Jam. Porgete attentamente orecchio, se intendere ne volete la debole voce. *(chiama verso il foro)* Enrichetta! signora padrona!

SCENA IV.

Enrichetta di dentro. Detti.

Enr. *(dopo breve intervallo con voce debole)* James; mio benefattore, sei tu?

Jam. Sono io.

Enr. Servo pietoso, quante obbligazioni al tuo compassionevole cuore! L'esistenza benchè infelice ch' io traggo in questa tomba, è tuo dono: ma più a lungo non ti sarò di peso. Già sento che si va avvicinando l'ora che dee sollevarmi da' miei mali. La morte è per me la grazia più preziosa che può farmi il cielo: non altro mi duole, che morire senza sapere quale sia stato il destino di Mortlei, e della mia cara figlia.

Jam. Consolatevi: il vostro sposo vive.

Enr. Si? egli vive?.... Eterna Provvidenza, ti ringrazio!

Jam. Forse non è molto lontano.

Enr. Che dici?

Jam. E voi lo rivedrete.

Enr. Dove? come?.... ah! non lusingarmi!

Mor. (da se) Più non resisto. *(con espressione esclama verso la finestra)*. Sposa! Enrichetta!

Enr. Qual voce?

Mor. Riconoscila, adorata sposa: io sono il tuo Mortlei.

Enr. (con espressivo grido) Oh!.... *(più debolmente)* Dio!

Mor. Rincorati: i tuoi mali sono vicini a finire, e nuova inattesa consolazione il cielo ti apparecchia. Mia Enrichetta! non rispondi?.... Enrichetta!....

Jam. Mia cara padrona!

Lui. Giusto Iddio! mia madre muore!

Daw. (con voce alta) Donna, o larva che tu sia, lasciami; non è più tempo di silenzio.

Jam. Qual gente? *(apre la lanterna contro Daw.)*

Daw. Che vedo? Tu Emilia?... Ora tutto comprendo.

Lui. Ah signore! la mia povera madre....

Mor. Il vostro soccorso!

Daw. Sì, l'avrete; ma questo sotterraneo....

Jam. Corrisponde alle prigioni del castello, e non si potrà....

Daw. Corrispondesse agli abissi, io saprò discendervi. Precedetemi, additatemi il cammino: su, presto, accorrasi pria che l'infelice soccomba.
(James precede Dawigton e partono tutti.)

SCENA V.

Interno delle carceri. Stoker con varj Carcerieri.

Sto. Voi, Alder, darete il cambio a Jeffrey: in quel posto importante di lui non mi fido, perchè è vecchio, ed è facile a lasciarsi sorprendere dal sonno; rammentatevi che mi fido alla vostra vigilanza. (*uno de' carcerieri parte.*) Voi due a fare la prima visita nelle prigioni superiori; io e Johnson faremo quella di sotto. (*due altri carcerieri partono.*) Da qualche tempo in quà il mestiere va male, e male assai, il mio caro Johnson; non capitano che pezzenti: e io avrei bisogno.... Hanno battuto, mi pare? (*va sulla porta d' ingresso in ascolto*) Sì, sì.... s' apre il cancello. Sarà qualche industrioso meccanico, che s' è lasciato sorprendere in atto di fare qualche esperienza. (*esce frettoloso il primo carceriere che è partito, e parla all' orecchio di Stoker*) Oh!.... l'Aldermanno!.... con signore?.... (*andando a prendere un lume.*) Che novità è questa?

(*nell' atto che va per uscire, entrano.*)

SCENA VI.

Dawigton, Emilia, Mortlei, Luigia, Carlo, James, Claser, e carcerieri con lumi.

Detti.

Daw. Dov' è il Capo-custode?

Sto. Sono io a' di lei comandi.

Daw. Conducimi tosto ne' sotterranei della torre.

Sto. Colà non si mette mai nessuno, e....

Daw. Non indugiare: le chiavi, e sul momento.

Sto. 'E tanto tempo, che non s' adoprano, ch' io non saprei....

Daw. Le chiavi, o colla tua vita mi pagherai le conseguenze del tuo ritardo.

Sto. (*da se*) Oimè! sono perduto! l'arcano sarà stato scoperto.... mi tremano le gambe. (*entra in una stanza laterale.*)

Lui. Ah! chi sa, se il cielo mi concede di vedere in vita la mia povera madre!

Mor. Speriamolo, mia cara figlia.

Daw. Emilia, a te io sono debitore di questa fortunata scoperta.

Sto. (*ritornando con un mazzo di chiavi*) Eccomi; ma io....

Daw. Non è tempo di discolpe, ma d'oprare: animo, sbrigati; ogni più lieve indugio può essere fatale.

(*Stoker precede con lume Dawigton seguito da James, da Claser e da due altri carcerieri con lumi.*)

Mor. (*a Luigia che vuole seguirli*) Trattienti: la tua presenza è per ora pericolosa. (*parte cogli altri.*)

Lui. No, io voglio....

Emi. Fermatevi.

Car. Obbedisci a tuo padre.

Lui. Ah! il cuore mi dice, che non la vedrò mai più! Deh! lasciate, ch'io corra a trattenere l'anima sua fuggitiva! Lasciate, che fra le sue braccia.... No, nessuno di voi mi ama; tutti siete miei nemici, tutti insensibili al mio affanno.

Ric. Buona Luigia, date luogo alla ragione.

Emi. Perche tormentarvi con funeste idee, e non confidare piuttosto in quella provvida mano che l'ha finora conservata?

Car. Lascia, che riabbiasi prima dalla sorpresa e dalla gioja di vedersi fra le braccia d'un diletto sposo, e di trovarsi così d'improvviso liberata dalla sua tomba. Frena i tuoi trasporti, rispetta la sua debolezza, e trema con un nuovo colpo d'ucciderla.

SCENA VII.

Claser. Detti.

Cla. (*uscendo*) Allegramente.... vive, vive! L'abbiamo ritrovata seduta che chiamava il suo sposo; non udendo più alcuno, la poverina cominciava a credere d'aver sognato. Ma quando l'ha veduto, quando ne ha sentito la voce..... quanti abbracciamenti! quanti singhiozzi, quante lacrime! ma lacrime di gioja, lacrime di tenerezza.... Che spettacolo! Piangevamo tutti, come ragazzi. Ora vado per dargli una mano a condurla sopra. (*s' incammina e ritorna*) Appropòsito; m' hanno mandato a prevenirvi, che non vi diate a conoscere; altrimenti con un nuovo assalto.... buona notte, l'accoppiamo a forza d'allegrezza. (*parte.*)

Lui. Clemente Nume! io ti ringrazio.

Ric. Eccoli.

Car. Luigia, per pietà, modera il tuo filiale trasporto!

SCENA VIII.

Claser precede con lume, indi Mortlei e James, che sostengono Enrichetta pallida, smunta, con abiti lacerati, che lentamente cammina, seguita da Dawigton, da Stoker, e da' carcerieri. Detti.

Cla. (*correndo a deporre il lume, e a prendere una sedia*) Qui, qui, sopra questa sedia. (*mettono Enrichetta a sedere.*)

Lui. (*in disparte, e in mezzo a Emilia, Carlo e Riccardo.*)
Povera madre mia!

Cla. (*a' carcerieri*) Indietro, bruttissimi ceffi, fatti apposta per far andare in deliquio.

Daw. (*a Claser*) Galantuomo.

Cla. Dice a me? Eccomi.

Daw. (*sottovoce*) Correte tosto alla vicina guardia, e dite all' Uffiziale a nome mio di qui portarsi sul momento.

Cla. In quattro salti è fatto. (*parte.*)

Enr. Ed è vero, che di nuovo mi ritrovo fra viventi?.... Dopo tant' anni di solitudine e di pene io pur ti riveggo, e ti stringo al seno ancora una volta, o mio diletto sposo?.... Eterna imperscrutabile Provvidenza, perdona, se nella disperazione del mio dolore ho ardito dubitare di te: compisci qualunque sieno i tuoi decreti: io li adoro, e muojo contenta.

Daw. Donna sventurata, da questo momento bandite ogni timore; i vostri mali sono finiti.

Enr. Chi siete voi, che a guisa d' un nunzio celeste infondete la più consolante speranza nel mio lacerato cuore?

Jam. Il nostro nuovo Aldermanno.

Mor. A lui siamo debitori del bene d' abbracciarci.

Enr. Io sono innocente, o signore; la vendetta mi ha sacrificata, e la giustizia del vostro predecessore fu sorpresa e ingannata dalle calunnie del perfido suo Cancelliere.

Daw. E qual demone l' ha strascinato a tanta barbarie?

Enr. Per punirmi d' essermi serbata fedele a' miei doveri, e di non aver dato ascolto alle colpevoli sue brame. Unito ad Amberton che aspirava al posto del mio sposo, ordì la più scellerata trama, e rea fece comparire la mia famiglia di cospirazione contro lo Stato. Io fui trasportata alle pubbliche carceri; e mentre tranquilla nella mia innocenza, attendeva un regolare processo che la riconoscesse; quel mostro venne di notte tempo, e chiuder mi fece in un sotterraneo, avendo la crudeltà di dirmi: tu non volesti l'amor mio, morrai qui adunque di lenta e penosa fame. Furono chiuse le ferree porte, e io venni abbandonata a tutto l'orrore del mio destino.

Daw. E come poteste passare dal carcere fino al sotterraneo delle mura?

Enr. Dopo molte ore passate nel pianto e nella desolazione, parvemi scorgere a traverso d'una fenditura un debole raggio di luce. L'amor della vita risvegliò la speranza della salvezza, e animò le mie forze. Tentai le pietre, che cessero a poco a poco; e dopo un lungo e faticoso travaglio mi riuscì d'aprirmi un passaggio; ma quale fu il mio dolore, allorchè giunsi alla finestra, e la trovai difesa da grossi ferri. Invano chiamai soccorso per tutto il resto di quel giorno; e già spossata dalla fatica, e dalla fame attendeva l'ultimo mio fine; quando al rinnovare che feci de' miei lamenti, odo una voce che mi chiama a nome, e riconosco.... ecco l'uomo caritatevole, ecco il genio tutelare per cui ancora respiro, e per cui.... ah! lascia, che prima di morire io bacj la polvere che calpesti, e che a' piedi tuoi ti presti l'omaggio della mia riconoscenza. (*in atto d' inginocchiarsi.*)

Jam. (*trattenendola*) Che fate, signora? io sono ricompensato a bastanza, se vi vedrò nuovamente felice.

SCENA VIII.

Claser con un Uffiziale. Detti.

Cla. 'E qui il signor Uffiziale.

Daw. Va bene. (*si ritira in disparte, e parla coll' Uffiziale, che dopo aver ricevuto l' ordine, parte.*)

Enr. Mortlei, dimmi.... ah! non oso proseguire....

Mor. Intendo, tu parlar vuoi della nostra figlia?

Enr. Hanno i barbari rispettata la di lei innocenza?

Mor. Sì, e forse....

Enr. Vive adunque la mia Sofia?

Lui. Vive, sì, e vive ansiosa di gettarsi fra le vostre braccia.

Car. Ah taci! (*trattenendola con Emilia.*)

Lui. Non è possibile; lasciatemi correre al di lei seno.

Enr. Gran Dio! sarebbe quella....

Mor. Enrichetta, frena il tuo amor materno.

Enr. Come frenarlo?

Lui. Il suo cuore m' ha riconosciuta.

Enr. Sì, vieni, corri a questo seno.

Lui. Oh madre!

Enr. Oh figlia!..... diletta sospirata figlia!..... ah! soverchia è di troppo la gioja..... angusto il cuore.... io.... non vi resisto.... fugge la vita.... oh dio! (*sviene.*)

Mor. Oimè! soccombe.

Lui. Ah! soccorretela, salvatemi la madre!....

(*tutti accorrono presso Enrichetta.*)

Daw. Non temete; il cielo la conserverà al vostro amore. Subito che sia rinvenuta, si trasporti al mio albergo. (*a' carcerieri*) Nessuno di voi ardisca uscire da questo castello, nè per alcun modo palesare quanto è accaduto. Domani parleranno le leggi, onde sia conosciuta l'innocenza e punita la colpa. Empj calunniatori, tremate; la tradita giustizia già impugna il fulminante acciaro; l'umanità calpestata reclama vendetta, e in nome di lei e del cielo io giuro che sarà terribile ed esemplare. (*parte.*)

Cla. Notte, fa presto; va, rotola giù a capitomboli, e termina il trionfo de' birbanti. (*parte.*)

(*Durante il discorso di Dawigton, Carlo e Riccardo con due carcerieri trasportano via Enrichetta sostenuta da Luigia, Emilia, e Mortlei, che viene seguita da James. Quest' azione sia eseguita senza confusione, e in modo, che Enrichetta resti coperta dagli attori. Nell' atto che finisce Claser, cala il sipario.*)

Fine dell' Atto quarto.

ATTO QUINTO.

Galleria, sul fondo della quale grandissimo arco chiuso da un cortinaggio nero, come ugualmente lo sono le quattro porte laterali. A destra una tavola con una sedia d'appoggio, coperta di nero, non che nero il tappeto.

SCENA I.

Emilia e Dawigton vestito di nero.

Emi. I pronti soccorsi dell'arte medica, i ristorativi, e sopratutto le amorose premure della figlia e dello sposo, ed alcune ore di riposo hanno talmente rimessa l'abbattuta Enrichetta, che ne' nuovi abiti onde s'è vestita, sembra una convalescente, cui spunta sul volto il ritorno della primiera salute.

Daw. Mia cara Emilia, quanto degg'io mai alla tua conjugale tenerezza? Per mezzo di questa ho scoperta la calamità di tanti infelici, e le scelleratezze de' vili ipocriti che tentavano perdermi nel vizio per.... inorridisco del pericolo, a cui m'esponeva da me stesso, e più fremo nell' udire, che il perfido Duglas sperava cogliere il frutto della nostra disunione, e del mio colpevole accecamento.

Emi. Siami, come sempre fosti, tenero amico, e tutto è dimenticato.

SCENA II.

Usciere. Detti.

Usc. L' Ajutante Amberton.

Daw. Sono state avvertite tutte le persone indicate nel mio foglio?

Usc. Come imponeste: attendono in segretaria i vostri ordini.

Daw. Quando saranno entrati e disposti i soldati, farete montarle nella contigua sala per introdurle a suo tempo.

Emi. Sposo, io ti lascio al tuo dovere e alla tua virtù.

Daw. Per brevi istanti ti seguo: ho d' uopo d' apparecchiarmi per sostenere l' aspetto degli iniqui senza tradire il progetto che ho formato per vieppiù confonderli, e per colpirli nel momento che crederanno di trionfare. (*poi all' Usciere*) L' Ajutante qui m' attenda: voi seguitemi di poi nelle mie stanze. (*Dawigton parte per la destra con Emilia. L' Usciere va alla porta sinistra che serve d' ingresso comune.*)

SCENA III.

Amberton. Detto.

Usc. (*chiamando*) Signor Ajutante.

Amb. Non era qui l' Aldermanno?

Usc. 'E rientrato nelle sue stanze: vi prega di qui attenderlo per brevi istanti. (*parte.*)

Amb. Che mai significano queste disposizioni insolite e stravaganti? Quale urgente motivo....

(*vedendo a venire Duglas, e andandogli incontro.*)

SCENA IV.

Duglas. Detto.

Amb. Opportuno giungete, amico, per appagare l'inquieta mia curiosità: avete rilevato nulla, a qual fine abbia l'Aldermanno dato ordini cosi improvvisi e inusitati?

Dug. Appieno non ne sono informato; ma da alcune scaltre interrogazioni che ho fatto, parmi d'aver colto nel vero.

Amb. Vale a dire?

Dug. L'uomo virtuoso, il Platone moderno è innamorato più che mai, in ragione appunto degli ostacoli incontrati; e perciò io credo, ch' egli abbia macchinato il modo di liberarsi del marito unitamente al vecchio, e all' impertinente maniscalco per isolare Luigia, e renderle necessarie le di lui offerte.

Amb. Ma io non vedo, com' egli possa....

Dug. Egli può architettare una storiella come quella da noi inventata contro Mortlei; mettere la sua gente in prigione, e poi con bella maniera... Ma di Mortlei non avete ancora avuto traccia?

Amb. Nessuna, e ciò mi tiene in qualche agitazione.

Dug. Eccovi a' vostri soliti timori. State all'erta per iscoprirlo, e del rimanente lasciate la cura a me. Ora mi sta a petto una vendetta più importante.

Amb. Contro chi?

Dug. Contro la moglie dell' Aldermanno. Costei ci odia, studia di perderci nell' animo del marito... prima che vi riesca, conviene disfarsene.

Amb. Questo è impossibile; Dawigton l'ama.

Dug. Alla vendetta nulla è difficile: io ravvolgo in mente un progetto..... ma viene l'Usciere: a miglior tempo.

SCENA V.

L' Usciere. Detti.

Amb. L' Aldermanno?
Usc. A momenti. (*passando.*)
Amb. Nessun ordine?
Usc. Nessuno per voi, nè per il signor Cancelliere. (*parte.*)
Amb. Questo procedere....
Dug. Tornate da capo co' timori?
Amb. A dirvi il vero, non sono tranquillo. La compagnia de' granatieri in corte, un picchetto nella vicina sala, questa galleria con aspetto di lutto....
Dug. Formalità per imporre. Quest' uomo vuol comparire virtuoso, e teme di perderne il nome presso la moltitudine; conviene adunque abbagliarla con apparecchj straordinarj, giungere all' intento, ricoprire.... vedrete che indovino; e applaudirete alla mia sagace penetrazione.

SCENA VI.

Usciere, Riccardo, Carlo e Claser. Detti.

Usc. Entrate, e attendete. (*entra nella cam. di Daw.*)
Cla. (*sottovoce a Riccardo e a Carlo*) Ecco là i due galantuomini. Che faccie disinvolte! Pare che abbiano d' andare a nozze; e invece gli si preparano i funerali.

SCENA VII.

Esce l' Uffiziale con otto granatieri, che mette di sentinella uno per ogni porta, e due per parte dell' arco, restando egli nel mezzo.

Dug. Se è lecito, siete venuti per ordine dell' Aldermanno?

Car. Io sono venuto....

Ric. Per reclamare giustizia.

Cla. E io per fare il beccamorti.

SCENA VIII.

Usciere e Dawigton. Detti.

Usc. (*alzando la portiera*) L'Aldermanno. (*indi va sulla porta d'ingresso.*)

Daw. (*va a sedere al tavolino*) Recherà forse meraviglia a taluno l'insolito apparecchio di questo giorno; ma cesserà ogni stupore, quando fia noto, che inusitato ammasso di delitti si appresta la giustizia a punire. Emblemi delle tenebre onde sono avvolti, rappresentano queste gramaglie, che attendono un raggio di verità per dissiparsi, e mostrarne tutto l'orrore al chiaro giorno.

Amb. (*sottovoce a Duglas*) Che misterioso favellare è questo?

Dug. Cose studiate per sorprendere e intimorire gli sciocchi.

Daw. Cancelliere, al vostro posto.

(*Duglas siede alla stessa tavola.*)

Cla. (*da se*) Per l'ultima volta.

Daw. (*a Riccardo e Carlo*) Siete voi Riccardo e Carlo Landerson?

Ric. Si signore.

Cla. Padre e figlio, bravi pittori, eccellenti....

Daw. A voi non ho richiesto nulla.

Cla. Si signore. (*inchinandosi.*)

Daw. Cosa desiderate?

Ric. Che la legge obblighi un signore che m'ha ordinato un quadro, a pagarmene la convenuta mercede.

Daw. Avete un contratto scritto?

Car. Abbiamo una sua lettera, con cui ha dato la commissione, prescrivendo il soggetto del quadro e il prezzo del lavoro.

Daw. Dov' è questa lettera?

Ric. (*presentandogli il foglio*) Eccola.

Daw. (*dopo aver scorsa la lettera*) Da Lisbona?

Ric. Di colà mi fu mandata.

Daw. L' epoca è molto lontana?

Car. Quasi vent' anni.

Cla. Il signor Carlo era bambino.

Daw. Galantuomo!....

Cla. Scusi; è stata una mia osservazione di passaggio.

Daw. E contro chi ricorrete, se la lettera è anonima?

Ric. `E vero; ma jeri è qui giunto.

Daw. Ne vuole più il quadro forse?

Cla. Sì signore.... se mi dà licenza di parlare.

Daw. Parlate.

Cla. Egli vorrebbe pagare il quadro, e prenderlo, com' è di dovere; ma il poverino un giorno era ricco, e adesso per cagione di certi birbanti è diventato povero.

Daw. Perchè non ha ricorso alla giustizia?

Cla. Per paura de' birbanti.

Daw. Chi è quest' uomo?

Cla. L' ex-Maggiore Enrico Mortlei.

Dug. Mortlei! } (*guardandosi fra loro e turbandosi.*)
Amb. Che sento? }

Daw. Il reclamo che voi fate, combina appunto con una supplica che di buon mattino m' è giunta di questo Mortlei; e siccome vi sono cose che riguardano voi e il signor Amberton, e delle quali io sono affatto all' oscuro; così degnatevi, Cancelliere, di leggere, e darmi gli opportuni schiarimenti. (*dandogli un foglio piegato in forma di memoriale.*)

Dug. (*legge*) „Enrico Mortlei, ex-Maggiore urbano di questa piazza, già da vent' anni esule e mendico, a' piedi dell' augusto tribunale delle leggi implora giustizia contro infame calunnia che gli tolse onore, impiego, moglie e figlia. Ignaro di colpa egli reclama contro i suoi due più acerrimi nemici, Duglas e Amberton, che sorprendendo la buona fede dell' Aldermanno defunto furono gli autori della sua rovina. Ardeva il primo di colpevole e non corrisposto fuoco per la sposa del ricorrente; e aspirava il secondo alla di lui carica. La vendetta loro fu pienamente esaurita sopra i suoi beni, e sulla innocente sposa e tenera figlia; ma il cielo protesse i giorni di Mortlei minacciati da compri sicarj. Ora si prostra egli innanzi l' ara profanata della giustizia; chiede legale processo delle intentate accuse, e uscirà dal suo nascondiglio, per subire, se reo, il dovuto castigo, o per ottenere innocente protezione, risarcimento, e vendetta."

Daw. (*dopo breve pausa*) Ebbene, signori miei; come debbo interpretare il vostro silenzio? Su questo affare io nulla posso chiedere, perchè tutto mi riesce nuovo: attendo da voi rischiaramento e giustificazione.

Dug. Come non turbarsi, o signore, all' udire simili calunnie? Un uomo, convinto d' alto tradimento, condannato in contumacia a infame morte ardisce tacciare d' inventati delitti due probi impiegati dello Stato, denigrarne l' illibata onoratezza, e suscitare contro di loro il sospetto e la diffidenza de' suoi superiori; e non dobbiamo noi essere sorpresi da tanta impudenza, e da tanto ardire? Amberton aspirava alla sua carica? Noto è a tutti, che egli anzi mostrossi cotanto renitente ad accettarla, che vi fu d'uopo della pubblica autorità che ve lo costrinse, perchè non si conobbe allora altro soggetto più probo e più capace per occuparla.

Amb. L'onorato Duglas ardere d'impura fiamma, macchinar vendette, assassinamenti?.... Egli che mai sempre è stato lo specchio d'incorrotta equità, e l'esempio della più irreprensibile condotta?

Cla. (*da se*) Come si lodano e si difendono i birboni!

Daw. Comprendo, che s'è tentato di sorprendere la mia ignoranza sopra un fatto già da tant' anni accaduto; ma io vi conosco, e vi rendo la giustizia che meritate. Favoritemi questo foglio.

Dug. Vi supplico che permettiate di prendere le opportune misure per trarre dal suo nascondiglio questo calunniatore, e punirlo....

Daw. Qui si fa menzione della moglie e d'una fanciulla: di loro che avvenne?

Dug. La moglie, come complice, fu messa nelle carceri.

Daw. Vi è forse morta?

Dug. Perdonate: simili cognizioni non mi spettano.

Daw. Avete ragione. Usciere.

Usc. Comandate.

Daw. A me il Capo-custode delle carceri.

(*Usciere parte.*)

Cla. (*da se*) Questo signore va troppo per le lunghe: se foss' io, li avrei già belli e spicciati.

SCENA IX.

Usciere e Stoker. Detti.

Usc. Il Capo-custode.

Daw. Avanzati. Da quant' anni servi nell' attuale tuo impiego?

Sto. Da ventisei e più.

Daw. Ora saranno all' incirca vent' anni, non ti venne consegnata la moglie dell' ex-Maggiore Mortlei?

Sto. Sì signore.

Daw. Con quali ordini?

Sto. Di chiuderla nelle prigioni sotterranee della torre, e lasciarvela perire di fame.

Daw. E tu che facesti?

Sto. Fui obbligato di eseguire, perchè vi fui costretto colle minaccie.

Daw. Da chi?

Sto. Dal signor Duglas....

Dug. Io non feci....

Daw. Tacete. (*poi a Stoker*) Proseguì.

Sto. Di notte vennero il signor Duglas e il signor Amberton, mi obbligarono a tale esecuzione, vollero esservi presenti, e mi regalarono dieci ghinee, imponendomi segretezza.

Daw. (*a Duglas*) È ciò vero?

Dug. Verissimo: tali furono gli ordini dell' Aldermanno di allora.

Amb. A noi convenne ciecamente ubbidire.

Daw. Di che misfatto era rea?

Dug. Di complicità col marito.

Daw. E di questo quale fu la colpa?

Dug. D' amministrazione infedele, e d' intelligenza co' nemici.

Daw. Mi figuro, che vi sarà stato processo?

Dug. Processo formale e secondo le leggi.

Daw. E la sentenza in contumacia venne emanata...

Dug. Dal foro criminale.

Daw. E perchè non da un consiglio di guerra?

Dug. Così volle il vostro predecessore.

Amb. Come semplice Maggiore urbano non apparteneva alla truppa di linea; e perciò....

Daw. Capisco. (*si rivolge all' Usciere*) Venga il Giudice criminale. (*Usciere parte.*)

Amb. (*sottovoce a Duglas cui s' è avvicinato*) Amico, io comincio....

Dug. Non temete; i morti non parlano.

SCENA X.

Usciere e il Giudice. Detti.

Usc. Il signor Giudice.

Daw. Favorite. Avete fatto quanto per ordine mio v' è stato imposto?

Giu. Con ogni esattezza.

Daw. E che risulta?

Giu. Tutte le possibili diligenze sono state inutili; nell' elenco stesso de' processi non s' è ritrovato alcuno col nome di Mortlei, e tutto fa sospettare, che non siasi osservata formalità di giudizio.

Dug. Nè v' era bisogno d' osservarla, poichè tanto notorio era il suo delitto, che il popolo inferocito manifestò la sua indignazione col saccheggiarne la casa. L' Aldermanno, per acchetare il tumulto, e prevenire più funeste conseguenze, nominò una commissione straordinaria; e Mortlei sarebbe caduto sotto la spada della giustizia, se l'umanità di chi viene accusato, non l'avesse in tempo avvertito e salvato.

Daw. Forse....

Dug. (*additando Amberton*) Ecco il suo liberatore.

Daw. Voi?

Amb. Il cuore non mi resse all'aspetto dell'inevitabile rovina che attendeva il mio povero amico; con una lettera anonima lo resi avvertito del suo periglio, ed egli si sottrasse con pronta fuga. Se questa mia compassione merita castigo, punitemi, signore....

Daw. (*alzandosi con impeto*) Non la compassione vostra, anime ree, ma la vostra ipocrisia, le calunnie vostre, e i vostri nefandi e orribili delitti gridano giustizia e vendetta. Vieni, Emilia, e reca quel quadro, muto ma espressivo testimonio de' loro tradimenti.

SCENA XI.

Emilia con due servi che recano il quadro. Detti.

Emi. Ecco, scellerati, ecco la storia delle sciagure altrui, e de' vostri misfatti. Sgherri da voi compri strappano dal seno materno l'innocenza, per seppellir l'una in profondo carcere, e abbandonar l'altra nelle selve, pascolo delle fiere. Non fu la tua pietà, ma quella d'un amico che salvò Mortlei, che in agguato attendevano altri sicarj per dargli morte. Allora voi ridevate dell' opra vostra infernale, che già speravate per sempre avvolta fra le tenebre del mistero; ma qui ora si mostra, e v' invita a ridere, se ve ne regge il cuore, anime perverse e disumane.

Dug. Io vedo che s' è formato un complotto contro di noi, e stupisco, che il primo Magistrato favorisca le cabale di tanti impostori, e si dichiari nemico di due pubblici impiegati.

Amb. Ma la legge ci protegge, e a quella ci appelliamo.

Daw. E la legge appunto ora vi scaglia il suo primo fulmine. Al muto quadro succeda il parlante testimonio della verità, e confonda l' iniqua loro impudenza.

SCENA XII. E ULTIMA.

Apresi il cortinaggio dell' arco di mezzo, e sopra una specie di scalinata si vede Enrichetta vestita di nero, sostenuta da Mortlei in uniforme; a destra uno scalino più sotto Luigia vestita di bianco, e alla sinistra James.

Dug. M' inganno? Enrichetta! } (*fra loro, restando atterriti.*)
Amb. Mortlei! Siamo perduti! }

Cla. (*da se*) Ah! ah! sono rimasti come due statue di stucco.

Daw. Venite, oggetti compassionevoli della loro crudeltà; avvicinatevi, e finisca la vostra voce d' annientarli.

Enr. Fabbro d' inique menzogne, autore perverso di barbare scelleratezze, solleva dal suolo le atterrite luci, e mira la tua vittima. Io sono quella Enrichetta che seppe resistere alle tue seduzioni e alle tue minaccie, e che tu già da vent' anni credevi ridotta in poca polvere. L' invisibile mano di quel Nume che veglia a punizione de' gran delitti, ha conservato i miei giorni, e viva ancora m' ha tratta dall' orrida tomba, ove tu mi avevi seppellita per esservi pascolo di crucciosa fame, lusingandoti di celare colla mia morte i tuoi delitti.

Mor. Amberton, falso amico, eccoti colui che, in premio d' averti più volte stesa una mano di beneficenza, era sul punto di cadere sotto i colpi de' tuoi sicarj. Vedi questo crine fatto canuto nel dolore e nella miseria; quattro lustri intieri ho trascorso esule e ramingo, non d' altro pascendomi che di pianto e d' angoscie. E voi potevate essere tranquilli? gioire potevate de' frutti della vostra vendetta, nè la rimembranza d' una esterminata famiglia avvelenava i giorni vostri co' rimorsi? Celeste giustizia! tu qui ci hai radunati per un prodigio; compisci ora l' opra tua, su loro lanciando il fulmine del tuo giusto sdegno, su noi versando i benefici effetti del tuo amore.

Lui. E a colmo di confusione mirate in me la figlia loro che tentaste di far perire nell' infanzia preda delle belve, e di strascinare adulta nel disonore; ma dessa è stata appunto lo strumento della vostra perdita, e la meta de' vostri delitti.

Daw. Sollevatemi dall' aspetto loro. Signor Uffiziale, a voi li consegno; sotto sicura scorta conduceteli alle prigioni, alle di cui porte lascierete una guardia. Andate.

(Uffiziale raduna i soldati e prende in mezzo all' armi Duglas e Amberton.)

Amb. Ah! la tua amicizia mi conduce a infame fine.

Dug. La tua imbecillità mi perde: se tu non ti fossi opposto, con un ferro io voleva pure....

Daw. Strascinate altrove quel mostro.

Dug. Ah! (*con un gesto di rabbia parte con Amberton in mezzo a' soldati.*)

Cla. (*da se*) Buona notte! ecco terminato il loro orgoglio; così finisce la gloria de' birbanti.

Daw. Signor Giudice, assumerete con tutto il rigore il loro processo. Costui.... (*additando Stok.*)

Sto. Pietà, signore: io....

Daw. Tu sei complice della loro crudeltà, e reo di colpevole silenzio. (*al giudice*) Sia egli pure processato. A voi, signor Mortlei, sarà restituita la vostra carica, e sarete per quanto è possibile, indennizzato di quanto avete perduto.

Mor. Ah signore, la mia gratitudine....

Enr. L'amor nostro....

Lui. Uomo virtuoso, permettete....

Car. Che a' vostri piedi....

Ric. Sì, figli, a' piedi di questo genio tutelare....

Daw. Al mio seno, fra le mie braccia, oggetti degni d'ammirazione e di stima. Oh Emilia, la tua tenerezza m' ha procurato il più bel giorno del viver mio. Esultiamone insieme, e ringraziamo il cielo che in luminoso trionfo abbia recato l' oppressa innocenza; mentre la sua vendetta ha smascherata la calunnia, e raggiunta la scelleratezza.

Fine della commedia.

LA
MANÌA DELLE FAZIONI.

COMMEDIA IN CINQUE ATTI

DI

FILIPPO CASARI.

LIBERA IMITAZIONE.

TRIESTE
DAGLI EREDI COLETTI
MDCCCXXIV.
(*A spese dell' Autore.*)

PERSONAGGI.

SIR RAIMONDO ROCK, Membro del Parlamento e supremo Giudice dell'alta Corte criminale.

HARRISON, Colonnello nell' esercito del Parlamento.

SIR ODOARDO HAMILTON, Sceriffo.

ULRICA, di lui donna di governo.

LADY GIOVANNA LAUD.

SIR ENRICO LAUD, di lei cugino.

JOHN, di lei Maggiordomo.

VALTON,
EFFINGHAM,
FINK,
DARK,
CURL,
LEIS, } Cittadini di Weimouth, e Giudici criminali.

GODWIN, Capitano di bastimento.

L' Azione succede nella Città e Porto di Weimouth alla metà del secolo decimosettimo.

Parthey-Wuth, oder die Kraft des Glaubens è il titolo di questa Commedia originale del signor Ziegler, che liberamente tradotta offro alle Scene italiane.

ATTO PRIMO.

Sala nobile d' architettura gotica con tre porte; una nel mezzo, una laterale a destra, e l' altra a sinistra nell' angolo. Di prospetto alla porta laterale a destra un gran balcone. Tavolini e sedie eleganti all' antica.

SCENA I.

Giovanna vestita con eleganza presso il balcone.

Gio. Tutto è inutile. Odoardo non si lascia vedere. Ho deposto le gramaglie vedovili, ornata mi sono con eleganza, ed egli resta invisibile, e tiene chiusi i suoi balconi. *(ritirandosi.)* Che meco sia sdegnato? Non ne saprei il motivo. Perchè dunque tormentar se stesso e me inutilmente? — Sarà maggiore l' orgoglio dell' amore? No: pazienza e bontà, ecco le doti che accrescono pregio al nostro sesso. Lo farò chiamare; giudichi ei pure di me alla peggio, io so d' essere innocente.

SCENA II.

John mettendo fuori il capo dalla porta a sinistra. Detta.

Joh. Miledi!

Gio. Avanzati, John: sei stato da Enrico? come ha riposato?

Joh. Il vostro signor cugino Laud sta meglio di noi: egli non è, nè mai è stato ammalato.

Gio. L'infelicità è peggiore d'nna malattia. Inseguito da più mesi, in periglio sempre della vita, e solo da poche settimane qui nascosto e chiuso come in una prigione....

Joh. Meglio per lui, e per noi, che qui non fosse! Il pericolo, Miledi, si fa sempre maggiore. Per salvare la sua, voi mettete a repentaglio la vostra vita; della mia non parlo, perchè già può durar più poco.

Gio. Mio caro, quand' anche nella nostra città venisse il supremo Giudice criminale, chi vuoi tu, che vada a far ricerche nella tua camera, e possa figurarsi, che dietro al quadro che rappresenta l' antico nostro Alfredi, siavi una porta che conduca in un' altra stanza? Non altro occorre se non continuare ad avere i soliti riguardi.

Joh. Be' riguardi invero che adoprate! Quattro giorni sono condurlo in giardino in una sera, che faceva il più bel chiaro di luna! Padrona mia, scusatemi; è stato un errore contro le regole gramaticali della prudenza.

Gio. Stava poco bene, e mi scongiurò di fargli respirare un pò d' aria libera; non seppi ricusargli così lieve piacere; molto più, che il giardino è circondato da un alto muro.

Joh. Ed ha un cancello sulla strada, da cui comodamente vi si guarda dentro. Fate a modo mio, Miledi: mandatelo via. Chiunque dà asilo a un partigiano del Re, è reo di morte. Noi siamo in questo caso. Il supremo Giudice Rock, le di cui mani grondano di sangue, amplo pascolo ritrova alla sua avarizia ed alla sua ferocia nelle vostre ricchezze, e nella vostra nobiltà. Diminuite almeno il periglio coll' allontanare Sir Enrico; e se ancora siete titubante, Miledi, vi scopro una cosa, ove già non la sappiate voi stessa: vostro cugino è di voi innamorato alla perdizione, e un uomo innamorato è un brutto imbroglio.

Gio. Egli ha osato dichiararsi, ed è perciò che da tre giorni in quà non mi lascio vedere da lui.

Joh. Ed ora fa il disperato, e minaccia di scoprirsi, sperando, che per timore voi dobbiate sposarlo, e seco lui fuggire. Non è questa un' azione da ingrato e da birbante. Credetemi, è meglio, che gli diate quanto può essere sufficiente per mantenersi con decoro, e che gl' intimiate di partire: finchè abbiamo in casa questa mercanzia di contrabbando, io ho la febbre continua indosso; mandatelo a fare i fatti suoi, ve ne scongiuro.

Gio. Sì; benchè offesa m' abbia la condotta sua in giardino, gli accorderò un generoso perdono, e con ricco presente cercherò allontanarlo.

Joh. Favorevole è il momento per la sua fuga. La nave di Sir Hamilton è già carica, e pronta alla vela per l' Olanda. Confidatevi a lui, che in breve dev' essere vostro sposo, e pregatelo d' imbarcare segretamente Sir Enrico. Leviamoci questo cataplasma per carità.

Gio. E tu vuoi, ch' io in un mortal periglio avvolga l' amico mio? No, John, giammai. Sceriffo di questa città è Odoardo, ed ha, sia necessità, sia volere, giurato fedeltà al Parlamento: vuoi tu, che ad essere spergiuro io l' inviti?

Donna che ama con nobili sentimenti, non esige dall'amante che tradisca il proprio dovere. Certa sono, che tutto egli farebbe per salvarmi; ed appunto per questo debbo tacere, mentre più cara m'è la quiete sua, che la mia vita.

Joh. Io credo, che Sir Odoardo se ne sia già accorto.

Gio. Cielo! e come mai?

Joh. Due volte al giorno egli era qui; ed ecco ora il terzo che non si vede, e che nessuno manda: e pure sta bene, e va fuori..... Miledi, Sir Hamilton sa, che voi avete nascosto vostro cugino, e il timore di perdersi lo tiene da voi lontano: vi ama, è vero; ma la pelle preme a tutti.

Gio. Taci, non proseguire. Questo tuo dubbio freddi brividi mi fa scorrere per le vene, e il cuore.... oh! qual maligno genio t'inspirò sì orrido pensiero? Odoardo può conoscermi in periglio, e mi vi lascia? e per tema?..... No, Odoardo nulla sa; credimi, ei tutto ignora. Se il sapesse, lungi da me non si starebbe. Vile è colui, che in seno non ha coraggio per difendere e salvare la virtù. Questa virtù Odoardo stesso dee rispettare in me, che per amore a lui tengo celata; e virtù, egli lo sa, è la compassione pe' suoi simili. Tolga il cielo, che timore di sapermi compassionevole il tenga da me lontano. No, mio fedele: egli è affollato di cure, prevenire dee le civili discordie..... invigilare su gli stranieri.... far arrestare i fuggiaschi.... ecco i motivi di sua lontananza.

Joh. Sarà; ma.... scusate....

Gio. Oh! non aggiungere nuove dubbiezze; ajutami anzi a togliere dal mio cuore quella che vi hai scagliata. Va, John, e prega Sir Odoardo....

Joh. Di venir subito da voi? Brava: questo è un pensiere che vale un Perù: ve lo voleva suggerire anch'io. Faccia pure il cattivo, venga con una faccia da Seneca, e con un contegno da Platone; due paroline dolci, tre occhiate languide, addio Platone e Seneca; il nostro burbero diventa di pasta sfogliata. Vado a ubbidirvi. *(parte per la porta di mezzo.)*

Gio. E se la più terribile via fosse questa? Dio! dammi la morte, ma non farmi trovar vile e indegno Odoardo; ch'io muoja, ma onorandolo fino all'ultimo mio respiro.

SCENA III.

John, indi Ulrica. Detta.

Joh. Sapete che ho incontrato la sua donna di governo....

Gio. Ulrica?

Joh: Appunto. Verrà, per vuotare il gozzo; perchè una donna non va a trovarne un altra, se non quando ha indigestione di parole sullo stomaco.

(John si ritira nell' atto che entra)

Ulr. Miledi, troppo di buon mattino forse....

(con rispetto.)

Gio. Sempre la ben venuta, mia cara Ulrica.. Ti manda Sir Hamilton?

Ulr. Ah! Miledi, il mio povero padrone non è più riconoscibile.

Gio. Cielo! che gl'è accaduto?

Ulr. Dacchè per nostra sciagura domina in Inghilterra la mania delle fazioni, e dopo che gli fu involato il piacere di possedervi; Sir Odoardo, che prima era affabile e gioviale, divenne melanconico e taciturno; ma ciò è un nulla in confronto di quello ch' egli è da tre giorni in quà. Per la mente ha di certo qualche cosa di grande, che non giungo a comprendere.

Gio. Raccontami, come? perchè?

Ulr. Udite: lunedì sera, Ulrica, mi disse con faccia più ilare del solito; è così bella la notte, così argentea splende la luna, che, per dormir meglio, voglio andar a fare una passeggiata. Gli recai il suo mantello, e allegramente se ne uscì.

Gio. E poi? via finisci.

Ulr. Dopo un ora me lo vedo comparire in camera, senza cappello, pallido, cogl' occhi incavernati, e appena reggentesi. Acqua, colle labbra tremanti disse a voce soffocata; acqua. Spaventata gliene presentai una tazza; ma sì debole era la mano, che senza il mio ajuto inabile sarebbe stato di recarsela alla bocca. Io diedi un grido per chiamar soccorso; ma silenzio egli m' impose, ed io mi tacqui, perchè cieco dee ubbidire chi lo serve.

Gio. Cielo! dammi forza a udire il resto!

Ulr. Immobile stette per pochi minuti assiso sul mio letto; a un tratto alzasi rinvigorito, e mi comanda di fargli lume. Tremando lo precedo; giunto alla sua camera, mi toglie il lume di mano, e con tuono burbero mi dice: vanne, da te nulla più mi occorre.

Gio. Sciagurata! e tu avesti cuore d' abbandonarlo?

Ulr. Eh, Miledi, io lo conosco, e so, che seco lui conviene fare quanto impone. Non m' allontanai però, e stetti per qualunque evento in guardia. Per lui non vi fu quiete in tutta la notte; parlò col suo Secretario, e sul far del giorno venne da lui il suo Capitano di nave, che poco dopo si restituì al suo bordo; e con indicibile prestezza allestissi alla vela. Quanto in casa v' era di prezioso, è già incassato; e da quanto ho potuto sapere, anche i suoi beni sono venduti. Mi pare, ch' egli si prepari ad abbandonare la patria.

Gio. *(dopo breve pausa risoluta si volge e chiama)* John! John!

SCENA IV.

John. Dette.

Gio. Corri tosto da Sir Odoardo, e a nome mio pregalo di qui venire.

Joh. Subito. *(parte.)*

Ulr. Miledi, io sperava di trovar da voi consolazione.

Gio. Consolazione da me? Forse la troverò io presto in cielo. Non metterti in pena, mia cara; dovunque ei sia, sempre tu sarai col tuo padrone: ma io.... io forse sarò con Dio, in cui solo in mezzo alle mie pene confido.

SCENA V.

John. Dette.

Joh. Egli viene: per l' appunto l' ho incontrato che usciva.

Ulr. Miledi, non vorrei essere veduta da lui.

Gio. Passa per il mio appartamento, e scendi la scala segreta: verrà John ad aprirla.

Ulr. Miledi. *(baciandole la mano.)*

Joh. Eccolo. Padrona mia, l'aria è da Seneca; mi raccomando alle paroline e alle occhiatine.

(Ulrica entra nella camera a destra. John esce per la porta di mezzo.)

Gio. Come mi trema il cuore!

SCENA VI.

Giovanna, e Sir Odoardo.

Odo. (entra con passo franco, e con indifferente sguardo) Miledi, alla vostra richiesta, ecco a voi lo Sceriffo di questa città.

Gio. Vi sono obbligata. *(tremante e incerta.)* (Che severa freddezza!) Perdonerete d'avervi incomodato.

Odo. (con maggiore freddezza) La mia carica esige sollecitudine, e perciò sono tosto venuto.

Gio. Convien dire, che abbiate molti affari, essendo tre giorni....

Odo. Un solo ne aveva, e questo con fermezza è terminato.

Gio. (con dolore) Vi auguro ogni felicità. Sir Hamilton, debbo farvi una confidenza.

Odo. (con prestezza) Non ne accetto. Come Sceriffo non dò ascolto, che a rimostranze e a querele; confidenze non ne bramo, non ne ricerco da alcuno.

Gio. (guardandolo sorpresa) No? — Si dice, che il supremo Giudice dell'alta Corte criminale, Sir Raimondo Rock venga fra pochi giorni.

Odo. Felice chi può attenderlo senza inquietezza! per me il posso.

Gio. Avventurato voi, e me infelice, che ciò dir non oso.

Odo. Hamilton è un nome sospetto.

Gio. È vero purtroppo! Hamilton fu sempre partigiano del suo Re, e del Trono.

Odo. *(inquieto)* Miledi, esponete le vostre doglianze.... di simili affari sapete, che ne parlo con dispiacere.

Gio. Come volete. Degnatevi accomodarvi.

(siede sempre tenendoli gli occhi addosso.)

Odo. *(siede da lei distante, nè mai alza lo sguardo da terra.)*

Gio. Sir Odoardo, imploro la vostra sofferenza, giacchè con poche parole non si descrive un gran fallo. V' è noto, che mio padre fu uno de' più fedeli servitori di Carlo primo; e che dopo il tragico fine di questo, ei venne in questa nostra città accusato reo d' alto tradimento dalla Camera de' Comuni, che si dice Parlamento.

Odo. *(con marcata inquietezza)* Continuate.

Gio. Sceriffo era qui allora Lord Stefano Laud, partigiano de' ribelli.

Odo. *(guardando intorno con somma inquietezza)* Miledi....

Gio. La vita di mio padre era nelle di lui mani: e quanto bene non può fare come giudice un uomo virtuoso! Ignoto m' era d' essere in segreto amata da Lord Laud. Io idolatrava un uomo, che per me era l' universo intiero, un uomo che stimo inutile di descrivere, ma che degno era del pianto che per lui versai. Strappato mi fu dalle braccia il mio buon padre, e la sacra voce di natura mi trasse il dì seguente a' piedi del suo giudice. Egli occupava il posto medesimo, che ora voi avete; affabile m' alzò dal suolo, voci consolanti mi disse, e raggio di speranza introdusse nel mio seno. Il giorno dopo mi fece chiamare, ed appresi tremando esser voler paterno, che a Lord Laud dovessi sull' istante stendere la mano di sposa; a questo prezzo egli salvava beni e vita al padre mio. Come fulmine colpimmi il fatale annunzio, caddi tramortita, e priva di sensi fui riportata a casa. In me rinvenni per incontrar mille martirj. Laud restò inesorabile nella sua domanda. Colla disperazione in cuore volai dal mio amante. Il dolor suo fu sì grande, che quasi più non sentiva il mio. In lui combatteva l' amore colla generosità; in me il filial dovere coll' amore. Giovanna, gridò egli alla fine; mia Giovanna! non pensare a me. Tutto si sacrifichi a chi ti diede la vita. Fa coraggio, porgi la mano a Laud. Prova fa della virtù sovente Iddio, ma assicura eterno premio al figlio che pel padre suo si sacrifica. In cielo nuovamente tu sarai mia. Così da me separossi quell' anima grande. Riacquistò mio padre la libertà, ed io fui condotta all' ara da Stefano Laud, da cui ebbi il nome di sposa, poichè il giorno stesso nell' allegria delle nozze fu sorpreso da un colpo che rinnovossi dopo tre mesi, lasciandomi vedova ed erede. Sciolta d' impegni, il mio cuore volò al mio amante, ed il suo a Giovanna; ma rispettando le convenienze egli si astenne dal farmi visita ne' primi tempi di stretto lutto. Lo vedea ogni giorno però al suo balcone. Alla fine divenne Sceriffo; la nuova carica e la sua tenerezza a me il ricondussero. Giovanna! gridò egli con un tuono di voce, che d'obblio cosperse ogni passato affanno; Giovanna! tu pur ritorni ad esser mia! Sì, tua, e per sempre; io risposi, stringendolo al seno. Da quell'istante in poi felicità fra noi sorrise, e già fissato era il dì di nostra unione; quando a un tratto questo sì caldo amante l'amato oggetto con ogni arte sfugge, e l'uomo, già sì generoso e grande, da tre giorni a' di lei sguardi si sottragge, e si nasconde.

(alzandosi prosegue con dignità.)

Da un procedere sì strano offesa si chiama Giovanna Laud, di se stessa conscia sa di non meritarlo, e perciò la ragione ne chiede, e vuol saperla.

Odo. *(già alzato)* Voi avete risvegliato in me de' sentimenti che io volea annientare; ma dessi non avranno forza d' impormi. *(con serietà)* Miledi, acuto è il mio sguardo, e fino l'udito mio. Questo la vostra voce in mezzo a cento distingue; e quello di faci non ha d'uopo per conoscervi: il più debole raggio di luna gli basta.

Gio. Ebbene?

Odo. Voi mi siete infedele.

Gio. *(con allegrezza)* Effetto di gelosia è dunque...,

Odo. V'ingannate. Per gli stolti è la gelosia, non pe' saggi, che per sempre abbandonano colei, che fu capace di tradirli. *(in atto di partire)*

Gio. Oh mio Odoardo, ora tutto comprendo, e so ciò che vedesti al lume di luna....

Odo. E la tua voce udii, e un uomo ti vidi a' piedi.

Gio. Sì, Odoardo, il vero vedesti e udisti; ma tu

sai, che l'Ente supremo temo e rispetto, e per lui ti giuro, che sono innocente.

Odo. Svela il temerario, che osò porsi alle ginocchia della mia sposa.

Gio. Non posso. Mio Odoardo, fidati a me, e non ricercar più oltre.

Odo. (*con forza.*) Chi era colui? Se è vero che m'ami, dillo.

Gio. Io t'amo, e non te lo dico. Uomo straniero egli è a questo cuore, e lo sarà eternamente.

Odo. Addio.

Gio. Mi lasci?

Odo. Per sempre.

Gio. No, tu non partirai. (*trattenendolo.*)

Odo. Ah! ora m'avveggo, che tu non m'ami.

Gio. Ebbene: a te lascio d'indovinar quello che nè voglio, nè posso dirti. Per te solo io serbo il silenzio.

Odo. Ah! ora t'intendo.

Gio. No, Odoardo, no, non intendermi.

Odo. Sciagurata! Fuggitivo è il tuo cugino....

Gio. Non so nulla.

Odo. Voci di gratitudine esprimeva, e nomossi..... ah! men risovvengo, Enrico egli nomossi.

Gio. T'inganni; non era desso.

Odo. Sì, lo era, Enrico Laud egli era. (*con tremito.*)

Gio. Taci; questo solo nome ti fa scorrere gelido sudore dalla fronte.

Odo. Enrico Laud! eccomi per te nelle angoscie di morte.

Gio. Odoardo, quegli era un altro che fuggì nella stessa notte.

Odo. Ho compreso abbastanza.

Gio. Credi....

Odo. Chi fuori di te l'ha veduto?

Gio. Nessuno; ma egli è tale, che potrebb' essere veduto da tutti; ricercato da Rock non è egli....

SCENA VII.

John. Detti.

Joh. Signore, si chiede da voi. Sono giunti ventiquattro soldati del Parlamento con un tamburo, che dimandano dello Sceriffo della città.

Odo: Di loro, che tosto io vengo. *(John parte.)* Giovanna, odi: per te nè giuramento civico io curo, nè la vità; per te pronto sono a morire. La verità ti chieggo, e verità attendo. Giovanna, posso io vivere tranquillo?

Gio. *(dandogli la mano)* Sì, uomo generoso, il puoi.

Odo. Il labbro di Giovanna lo disse, e appieno io lo sono. Sì, tu il dicesti e tranquillo io sono. *(le bacia la mano)* Addio. *(parte.)*

Gio. Addio, ma per breve. — Oh quanto mi duole d'aver potuto pensar male di lui! Egli non cura nè dovere nè vita per amor mio; ma io l'amo troppo per metterlo al cimento di tradire il primo, e di perdere la seconda.

SCENA VIII.

Durante queste ultime parole esce a sinistra Enrico, che prima guarda intorno, poi di nascosto va a chiudere a catenaccio la porta d'ingresso.

Enr. Giovanna!

Gio. *(volgendosi spaventata)* Ah! Forsennato, che volete voi qui?

Enr. Dal mio nascondiglio udii la vostra voce, e qui venni per vedervi. Tre giorni, crudele, che mi fuggite! Che mi cale di vivere, se Giovanna m'odia!

Gio. Sciagurato, non odiasi chiunque amare non si può. Per amicizia posta mi sono in periglio; sarà ingratitudine il premio? Ritornate nella vostra camera. Nel corso della giornata verrò a vedervi, ed in questa notte partirete.

Enr. Con voi, anche nel più profondo abisso; senza di voi, nè meno in cielo. Giovanna, pietà dell' amor mio.

Gio. Tacete: l' amor vostro mi offende. Nella ventura notte sarete imbarcato sopra una nave, già pronta alla vela per l' Olanda. Ricchi doni v' accompagneranno; io non soffro, che un mio cugino conosca indigenza. Siate giusto, e non tormentate un' amica con un' amore, a cui non presto fede. Ritornate nel vostro nascondiglio, e non mi obbligate all' odio ed al disprezzo.

Enr. *(a' suoi piedi)* Perdona, Giovanna, non posso obbedirti. Furore è divenuto l' amor mio. *(alzandosi)* Te io voglio, non i tuoi doni.— O viver teco, o morire senza di te. Meco verrai, sì, meco dall' Inghilterra dovrai fuggire.

Gio. *(con disprezzo)* Ben vi sta il nome di Laud; al pari di vostro zio, vi credete vincermi col timore: ma v' ingannate. A lui riuscì di farlo, perchè trattavasi della vita di mio padre; ma ora.... ogni speranza è vana.

Enr. Dunque in questo giorno medesimo mi presenterò allo Sceriffo.

Gio. Fatelo: a lui appunto io sono promessa sposa.

Enr. Sposa!

Gio. Priva d'ajuto mi credete voi, per intimorirmi colle minaccie?

Enr. 'E noto allo Sceriffo, che sono in questa casa?

Gio. Che sarebbe di voi, se irritata dal vostro procedere a lui io vi scoprissi!

Enr. Non lo temo: di umano sangue non si macchia l'anima di Giovanna. La morte essa incontra piuttosto.... ma pure andate, accusatemi, e in cambio del più ardente amore datemi la morte; vi benedirà il mio labbro, mentre i viventi, e i futuri malediranno il vostro nome. Via, che indugiate? chiamate il vostro sposo: *(sedendosi)* io qui l'attendo; ma pria che m'arresti, con una palla gli strapperò l'anima dal petto; coll'altra saprò liberare me stesso.

(odesi a bussare alla porta d'ingresso, Enrico si alza e impugna una pistola.)

Gio. *(tremante e sottovoce)* Per pietà, Enrico, fuggite, salvatevi; io ve ne prego.

Enr. *(l'abbraccia con trasporto, e fugge nella camera a sinistra.)*

Gio. Cielo! mostrami una via da uscire da questo labirinto! io non veggo che morte.

(va ad aprire la porta, ed incontra John che le fa cenno d'andar tosto secò lui, e frattanto dee calare il sipario.)

Fine dell' Atto primo.

ATTO SECONDO.

SCENA I.

John occupato a chiudere una gran borsa di danaro, e a fare un pacchetto di biglietti di banco, e Giovanna.

Joh. La cassa per Sir Enrico tra breve sarà pronta; tutto è inteso col Capitano di nave, e nella notte prenderà a bordo la cassa in cui chiuderemo dentro il nostro prigioniero, senza che parola ne sappia Sir Odoardo.

Gio. Il Capitano mostrò difficoltà, sospetto?....

Joh. È de' nostri, per bacco, e qui sarà a momenti per intenderci del resto. Ecco le dieci mila lire sterline per Sir Enrico; tenue somma per comprarsi la quiete e la vita. Via, Miledi, non titubiamo altro.

Gio. Ah! questo passo può rapirmi l'ultima mia speranza!

Joh. *(con impazienza)* Ma no, no. Che vogliano i soldati del Parlamento, non ancora s'è potuto penetrare. Probabilmente giungerà più presto di quello che si crede, il fratello carnale della tempesta e del terremoto, quel Sir Rock, il di cui solo nome fa venire lo spasimo, la colica e l'itterizia...... Insomma non c'è tempo da perdere, andate da Sir Enrico.

Gio. E s' egli ostinato rifiuta d'arrendersi?

Joh. Quando nè preghiere, nè regali bastino a farlo

cedere, ditegli che io sono risoluto di tradir voi, e lui insieme, e denunziarvi alla giustizia. Chiamatemi pure sconoscente, vile, traditore; purchè lo induciate a fuggire in questa notte, io sono contento che adopriate contro di me tutti i nomi e tutte le frasi del dizionario della birbanteria.

Gio. Vado. *(prende il danaro e il pacchetto.)* Quanto mi costa questo passo.

(entra a sinistra.)

Joh. Mettiamoci in sentinella. *(andando verso l'ingresso)* Riuscirà la fuga, non ne dubito. Dieci mila lire fanno una bella somma, e Sir Enrico può bene..... Cos'è questo strepito? *(volgendosi verso l'ingresso)* Lasciatelo venire; non lo conoscete?

SCENA II.

Godwin e John.

God. Addio, John. *(guardando intorno.)* Siamo soli?

Joh. Non ci ascolta, che il cielo.

God. *(levandosi il cappello)* A quel testimonio mi fido ciecamente; in mezzo alle più fiere tempeste non m'ha abbandonato giammai.

Joh. In nave voi avete quarantacinque uomini; come pensano?

God. Rispettano la religione, e amano il Re. In porto mormorano sottovoce, in alto mare maledicono con urli i partigiani delle innovazioni, ed io fo loro l'eco. Sicchè, sa la tua padrona, cosa debbo trasportare in Olanda?

Joh. Sì, amico; ma il vostro dee ignorarlo.

God. Sì sa, che uno Sceriffo nulla ha da sapere di contrabbando. Quanto è alta la cassa?

Joh. Tre piedi, e il doppio lunga.

God. Hai pensato di lasciar aria alla mercanzia, perchè non si soffochi?

Joh. Ho pensato a tutto.

God. Dunque a notte fatta sarò quì a prenderla con due de' miei marinaj. Tu non verrai ad accompagnarla, ci s' intende. A rivederci.

Joh. Capitano, Miledi vi ringrazia, e vi prega d' accettare il pagamento....

(*offerendogli una borsa.*)

God. Che pagamento? Le buone azioni sono pagate dal testimonio che ci vede, e ci sente. (*levandosi il cappello*) Voglia egli accordarci buona riuscita e felice viaggio! (*si rimette il cappello*) Addio. (*parte.*)

Joh. Se questo bravo uomo giunge a portar la cassa a bordo, allora sarò tranquillo. (*verso la sinistra*) Senti, giovinastro insensato; nella cassa dovrai entrare, o per amore, o per forza. Salta, strepita, canta o ridi, è deciso; t' incasso da galantuomo che sono.

SCENA III.

Giovanna e John; indi Enrico in ascolto.

Gio. (*colla borsa e co' biglietti*) John, tutto è inutile: ch' io sia esecrato dal cielo, ha egli detto, se pongo piede in nave senza di voi.

Enr. (*si mostra sulla porta in ascolto.*)

Joh. Scellerato! sii adunque esecrato dal cielo e da me, e va all' inferno. (*furioso impugna uno stile, in atto d' avviarsi verso la sinistra.*)

Gio. (*trattenendolo*) Che oseresti?

Joh. Vivo non vuol andar nella cassa; ed io lo incasserò morto.

Gio. Fermati.

Joh. Lasciatemi, non c'è altro mezzo.

Gio. Fermati, te lo comando.

Joh. Dovrò io dunque lasciarvi perire?

Gio. E dovrò io permettere un omicidio? Mai. Se Enrico ricusa di fuggire, partirai tu col Capitano, accompagnato dalla mia riconoscenza.

Joh. No, Miledi; io non v'abbandono. Ma possibile che quest'uomo sia cosi scellerato, che amandovi..... Oh! — Miledi! il cielo mi suggerisce..... si, questo sarebbe l'unico modo.

Gio. Quale?

Joh. Fingete di corrispondergli, promettetegli di fuggire con lui; se fa di bisogno, accompagnatelo anche in nave. Una volta che l'abbiamo a bordo, lo leghiamo ben bene, lo serriamo in cassa, e lo cacciamo in fondo di stiva, dove potrà urlare e bestemmiare a tutto suo comodo.

Enr. (*fa atti di minaccia e di vendetta, e si ritira.*)

Gio. John, io non ho mai conosciuto l'inganno.

Joh. Nè mai siete stata si vicina di perdere la vita.

Gio. Enrico non può credere al mio amore.

Joh. Crederà bene alla vostra paura, su cui egli stesso ha fondato il suo piano.

Gio. Dio, in che situazione mi ha condotta la mia pietà!

Joh. I lamenti sono inutili; fatti ci vogliono. Quando gli porterò da mangiare, comincierò io con arte a fargli travedere qualche speranza. A parte ogni riguardo: pensate a Sir Hamilton; la vostra morte cagionerebbe la sua. Intanto per garantirci da una nuova sorpresa, *(andando a chiudere a chiave la porta a sinistra)* lo chiuderò dentro, e serberò presso di me la chiave. Coraggio, mia buona padrona, il cuore mi dice, che il nostro piano riuscirà felicemente, e il mio cuore non m' ha ingannato mai. Vado dal Capitano a concertare l' occorrente. Su, via, rasserenatevi; dopo il cattivo viene il buono. Possibile, che per noi soli abbia da essere sempre burasca! *(parte.)*

Gio. Ottimo cuore! il Cielo ti protegga.

SCENA IV.

Sir Odoardo. Detta.

Gio. *(andandogli incontro)* Mio caro Odoardo!

Odo. Giovanna!

Gio. Che hai?

Odo. Conviene differire le nostre nozze. Immersi nella desolazione sono gli abitanti di Weimouth. Essi per la maggior parte, a te posso dirlo, sono del partito reale. Sparsa è la notizia, che fra breve avremo nelle nostre mura Rock, non giudice supremo, ma spietato carnefice, che uccide per impadronirsi de' beni delle vittime del suo furore. Lo accompagna un certo Harrison, che da macellajo è stato elevato al grado di Colonnello. Giovanna, fa murare i balconi della tua camera, *(additando a destra)* onde toglierti la vista de' tuoi Concittadini, che periranno sotto la mannaja di questi empj.

Gio. Odoardo, tu pingi forse a te stesso con troppo neri colori....

Odo. No, mia Giovanna; le ricchezze mie unitamente alla mia nobiltà oggetti sono d'allettamento e d'odio a' crudeli sovvertitori delle leggi. Con questo Rock che giustiziar fece mio zio, debbo sedere in giudizio, e pronunziar sentenze di sangue. Inquieto sono, ma non disanimato, ma risoluto di sostenere gli avanzi delle nostre lacerate leggi, e di salvare quanti m'è possibile.

Gio. Quando sarà l'arrivo di questi tiranni?

Odo. Chi può saperlo? A guisa di fulmini giungono fra l'atterrita gente. Io credo, che al più tardi, giugneranno domani sera. Per involarmi a tant'orrore pronto era alla vela il mio bastimento; ma innocente ti rinvenni, e qui rimango.

Gio. Che? la patria pensavi di lasciare? Odoardo, andiamo: io sono pronta, e ti seguo.

Odo. Dici il vero? tu....

Gio. Io voglio ciò che tu vuoi. Domani io parto con te. Di poco tempo ho d'uopo per vendere ogni mio avere; e per mezzo di John tosto ti mando quanto ho in pronto di danaro e di gioje. Fuggiamo, Odoardo, fuggiamo da questo Cielo che ci minaccia.

Odo. Sì; Giovanna, ricovriamoci in Olanda. Quanto in sì breve tempo eseguir non potremo, sarà terminato dal mio Segretario, che ci raggiungerà più comodamente. Sul far della notte....

SCENA V.

John. Detti.

Joh. Signore, Signore, un uomo a cavallo, avvolto in un largo mantello, e accompagnato da un servo arrestossi al vostro palazzo, e chiese di voi. La vostra servitù gli disse, che qui eravate, e.... ma eccolo ei stesso.

(*nell'atto che vuol uscire.*)

SCENA VI.

Harrison. Detti.

Har. (*di dentro*) Via, canaglia; io non ho bisogno d'ambasciate; (*esce*) le fo sempre da me. (*John parte*) Siete voi lo Sceriffo di questa città?

(*Harrison ha capelli corti e rabbuffati, tuono rustico, andatura grossolana, e maniere basse e ributtanti.*)

Odo. Lo sono.

Har. E questa donna?

Odo. Ladi Giovanna Laud.

Har. (*con disprezzo*) Ah! ah!

Odo. Vi degnereste favorirmi il vostro nome?

Har. Il mio nome arresta il respiro de' traditori, e fa tremare i realisti. Harrison io mi chiamo, inalzato al grado di Colonnello dal Parlamento, perchè nè conosciuto nè premiato era sotto il Re Giacomo il vero merito.

Gio. (Dio! qual uomo!)

Har. A voi adunque do parte, che il Presidente dell'alta Corte criminale, Sir Raimondo Rock è qui mandato a sradicare ogni pianta regia, ed io l'accompagno col mio reggimento per dar vigore ed esecuzione alle sue sentenze.

Odo. 'E già arrivato anche il Presidente?

Har. Non tarderà molto. L'ho preceduto per trovare per lui e per me un comodo alloggio, e credo..... (*guardando intorno*) d'averlo già bello che trovato. Le finestre di quella camera (*a Gio. additando a destra*) non guarda-no sulla piazza?

Odo. Per l'appunto.

Har. Vediamo. (*entra a destra.*)

Gio. Oh! l'ambascia m'uccide!

Odo. Giovanna, mandami quanto più presto è possibile, quanto hai; darò le disposizioni, e domani....

Har. (*ritornando*) Ottimo è quell' appartamento per Sir Rock; egli si diverte a vedere a giustiziare i rei. A me basta una camera. (*andando alla sinistra*) Come? chiusa? Donna, perchè è chiusa quella camera?

(*afferrando Giovanna per un braccio.*)

Odo. (*respingendolo con fermezza*) Signore, rispettate le Dame; non insultate i diritti de' cittadini, e non fate da birro.

Har. A me? (*mettendo la mano sulla spada.*)

Odo. Via la mano da quella spada; voi non siete fatto por impormi.

Har. (*a Giovanna*) Chi ha chiusa quella camera?

Gio. Il servitore che l'abita. Se volete far da padrone, vi farò rimettere la chiave. Ehi! John.

SCENA VII.

John. Detti.

Joh. Miledi.

Gio. (*con uno sguardo d'intelligenza a John, e con voce alta*) Apri quella porta della tua camera; il Colonnello Harrison vuol vederla.

Joh. Subito. (*corre alla porta, e fa del rumore colla chiave, fingendo di non poter aprire; poi apre, e nell' atto che si volge*)

Har. Ritirati. (*gli dà una spinta, ed entra.*)
Joh. (Che maniere obbliganti! Pare un cerimoniere di galera.)
Odo. (*angustiato a Giovanna sottovoce*) Infelice! che facesti?
Gio. Non temere.
Odo. Tuo cugino....
Gio. Mio cugino non v'è: tranquillati.
Odo. Nò, è forza fuggire.
Har. (*uscendo*) Quì starò io.
Odo. Mi pare troppo stretta e oscura.
Gio. Posso darvene una migliore.
Har. Là sto benissimo.
Joh. E io dove debbo dormire?
Har. Nella stalla. Animo, fa portar quì il mio bagaglio, e porta via il tuo letto. Moviti, corri.
Joh. Vado. (*esce spaventato per la porta di mezzo dopo aver guardato Giovanna con compassione.*) (Povera padrona!)
Har. E voi?.... Sir Hamilton, mi pare?
Odo. Da dugent'anni in quà così si chiama la mia famiglia.
Har. Dunque state a sentire i comandi d'un uomo di quest'anno. I cittadini più fidati saranno messi alla guardia delle porte della città. Entri chi vuole; fuori nessuno senza un mio permesso. Ne rendo risponsabile la vostra testa.
Odo. (*lo guarda da capo a piedi, si stringe nelle spalle, e con nobiltà rivolto a Giovanna dice*)
Miledi; se come padrona di casa, siete oltraggiata; se pretendesi più di quello che è prescritto dalla legge; io, come Sceriffo saprò difendervi. Se il coraggio v'abbandonasse, religio-

sa rivolgetevi al cielo, cittadina a me; in vita e in morte saprò sempre rispettarvi e proteggervi. (*parte senza guardare Harrison.*)

Har. Capperi! che aria d'importanza si dà l'uomo de' dugent'anni! Calerà, calerà il fumo. A noi ora, padrona di casa. Sir Rock è straordinario in tutto, come sogliono essere i grandi genj; poco mangia, meno bee, e pochissimo dorme, perciò vi costerà poco a mantenerlo. Per me mi contento di quello che dà la vostra tavola; una dozzina di piatti buoni e abbondanti mi basta. Mangierò con voi; Sir Rock mangia solo. Frattanto venite a darmi da colazione; quattro piattelli freddi e un pajo di bottiglie: mi governo bene, ma non disordino. Andiamo, padrona di casa.

SCENA VIII.

John con un porta-mantello. Detti.

Har. Bravo vecchio, mettilo nella mia camera.

Joh. Sì signore.

Gio. (*volendo dire qualche cosa in segreto*) John, mi raccomando....

Har. (*volgendosi*) Via, sbrighiamoci che ho fame. (*esce per la porta di mezzo.*)

Gio. Sono con voi. (*segue Harrison.*)

Joh. Povera padrona, mi fa pietà! Si colga il momento, e si prevenga Sir Enrico. Siamo in un bell'imbroglio! è un prodigio, se ne usciamo salvi. (*entra a sinistra.*)

SCENA IX.

Sir Rock, indi John.

(*NB. Rock è vestito con abiti logori e rattoppati; il suo contegno è umile e popolare; pallido e gialliccio è il colore del suo volto. Ha l' abitudine di giuocolare colle dita, o sopra il labbro inferiore, essendo in piedi; o sopra il tavolino, su cui li batte a foggia di tamburo, quando vi si trova seduto vicino.*)

Roc. (*poco tempo dopo, che John è entrato, esce lentamente, e va a sedere, dopo che ha guardato intorno. Si scorge in lui molta stanchezza.*)

Joh. (*dopo breve tempo esce, e s'arresta sorpreso*) (Che razza di figura stravagante è questa?) (*avanzandosi*) Che fai tu qui? cosa vuoi?

Ro. (*lo guarda e ride*) Non lo vedi? mi sono seduto per riposarmi...

Joh. Se vuoi la carità dalla padrona, non devi prenderti la libertà d'innoltrarti fino in sala. Animo, alzati e parti.

Roc. Via via, non andare in collera....

(*alzandosi con fatica.*)

Joh. Guardate, che sfacciataggine! Su, moviti, ed esci.

Roc. Vado, sì, non inquietarti.

(*giunto alla porta di mezzo, si volge*)

M'aveano detto, che qui era venuto d'alloggio un forestiere?

Joh. È venuto, e ne verrà anche un altro.

Roc. (*ritornando*) Dunque non ho sbagliato, e resto. Fa il piacere di chiamarmi Harrison.

(*si rimette a sedere.*)

Joh. Chiamarlo! Sei qualche suo servitore?

Roc. Io sono umile servitore di tutti, il mio caro amico.

Joh. E chi debbo dire che lo vuole? Come hai nome?

Roc. Il mio nome, figliuolo, è poca cosa.

Joh. Ma pure chi sei? non sarai un libro senza frontispizio?

Roc. Il povero vecchio Raimondo Rock.

Joh. Rock! (Povero me!) Voi.... quel Sir Raimondo....

Roc. Sì, mio caro: fa il piacere d'avvertir Harrison.

Joh. Subito. Perdonate, se non conoscendovi..... perchè.... così.... (Ah! m'è venuto il tremito universale, e ho perduto la loquela! Povero John! povero John! fa pur fagotto per l'altro mondo, chè poco più hai da restare in questo.) Servitore umilissimo. (*inchinandosi tremante, e parte.*)

Roc. (*fregandosi le mani*) Buono! buono! come il solo mio nome incute spavento! Quando si giunge a un certo grado di celebrità, basta nominarsi, e tutto s'inchina all'idolo, che s'è fatto precedere dal terrore.

SCENA X.

Harrison, Rock, e poi Enrico.

Har. Ben arrivato, Signore, (*va ad aprire la porta a destra*) Questo sarà il vostro appartamento; ve l'ho destinato, perchè le finestre guardano sulla piazza, dove sarà il palco.

Roc. Bravo! voi volete che faccia il dover mio comodamente. A pranzo mi farete dare due soli piatti, e dell'acqua; e per letto un sacco di paglia; perchè... amico mio, siate persuaso, che, chi vuol farsi un nome, non dee vivere come gli altri. Ci vuol singolarità in tutto. Questo mio vestito vecchio, logoro, e rappezzato fa prodigj; si aspettano di vedere pompa e ricchezze, e nel trovarsi delusi, gli uomini che sono per lo più tanti bamboccj, fanno le meraviglie, e ti rispettano come un essere straordinario. Sentiamo quello che avete fatto.

Har. Come facciamo per tutto; ho fatto chiudere le porte della città; ma per ora, credo, che non azzarderemo d'intraprendere più di così, perchè io ho poca gente.

Roc. E sempre siete qui co' vostri soldati?

Enr. (*si mette guardingo sulla porta in ascolto.*)

Har. Senza questi mi sembra pericoloso....

Roc. Non vi prendete fastidio. Farete subito pubblicare per tutta la città a suono di tamburo, che qualunque Realista, il quale da se stesso verrà a scoprirsi, e a denunziar quelli che gli hanno dato asilo, conseguirà il suo perdono.

Enr. (*fa un atto di gioja, e si ritira.*)

Har. Con questo mezzo faremo una buona caccia.

Roc. Rotti i legami della confidenza, il terrore si diffonde, e la nostra causa si rassoda e signoreggia. Avete parlato collo Sceriffo? che uomo è egli?

Har. Uno di quelli che contano dugent' anni.

Roc. E noi di quelli che contano oggi. Ha giurato fedeltà al parlamento, e questo mi basta.

Har. L'ho trovato qui, e per dirvela, parmi che amoreggi la padrona di casa.

Enr. (*ritorna in ascolto.*)

Roc. Meglio: gli innamorati non sono pericolosi. Questo Sceriffo ci lascierà mietere a piacere la vita de' suoi Concittadini, purchè rispettiamo il suo idolo. Compiacetevi di far pubblicare la grazia, onde dia mano al lavoro quest'oggi.

Har. Oggi? il reggimento non può esser qui che domani sera.

Roc. Non ho bisogno di reggimento: bastano la mia carica e il mio nome. Avvisate lo Sceriffo di portarsi da me, e mandatemi la padrona di casa.

Har. Hm! come comandate. (*parte.*)

Roc. Che sciocco! l' ha col suo reggimento, e non sa che c' è uno che vale più di mille, e che di nulla teme, finchè è temuto. Il Parlamento ha bisogno di me; a quest'ora gl' ho mandato delle belle migliaja di lire sterline. (*guardando verso la porta d'ingresso*) Questa sarà la Signora. (*si alza e le va incontro con umiltà.*)

Enr. (*si ritira, e socchiude.*)

SCENA XI.

Giovanna. Detto.

Roc. Miledi, mi duole nell'anima di vedermi costretto dal mio ministero a dovervi recare tanto disturbo.

Gio. (*sorpresa*) Signore, siete voi....

Roc. (*inchinandosi*) L'umile vostro servo, Raimondo Rock.

Gio. Non avete che a comandare.

Roc. (*siede*) Oh, Signora, a me tocca d'ubbidire. Mi studierò d'incomodarvi il meno che potrò. Già io di poco abbisogno. A colazione acqua fresca; a pranzo due piatti qualunque sieno; thè freddo a cena; un pò di paglia per dormire.

(*alzandosi a un tratto*) Perdono per carità, Miledi, alla mia distrazione, se ho osato sedere. Degnatevi accomodarvi; ve ne supplico.

Gio. (*sempre più sorpresa e incantata, macchinalmente assidesi.*)

Roc. È molto, che siete sposa? (*sedendo.*)

Gio. Vedova da tre mesi.

Roc. Così giovane, e già vedova? È lecito chiedervi il nome del defunto che merita il vostro bel pianto?

Gio. (*turbata*) Stefano Laud.

Roc. (*chiudendo gli occhi, e battendo le dita sul tavolino*) Laud! Laud! (*pensando*) Direi quasi d'aver sentito a parlar male d'un Laud.

Gio. (*cercando nascondere la sua inquietudine*) Signore.... non saprei....

Roc. Memoria debole, Miledi; mi dimentico facilmente i nomi. Li registro però, sapete. (*traendo un libricciuolo legato*) Ora vedremo. (*cercando sul libro*) Laud.... nella L— Ah! ah! eccolo: Laud Enrico.

Gio. Mio marito chiamavasi Stefano.

Roc. Ed Enrico quest' altro, qui marcato come reo d'alto tradimento. Nella battaglia di Dumbar serviva come Colonnello nell' esercito reale. Forse vostro parente, Miledi?

Gio. (*con indifferenza affettata*) Credo cugino del fu mio marito.

Roc. Che bella combinazione! alloggiare in una casa, dove naturalmente potrò avere esatte informazioni di questo Laud.

Gio. (*con fermezza*) Nulla so dirvi di lui.

Roc. Adagio con questo nulla. Conosco troppo bene le voci del sangue, e vi compatisco.

Gio. (*alzandosi*) Io nòn lo conosco, e ho molto piacere di non saper nulla di lui.

Roc. (*scuotendo un dito contro di lei in segno di minaccia.*)

Eh, Miledi, Miledi! Voi non avete la vera religione.

Gio. La vostra, no certo. Io credo in un Ente supremo, rispetto i templi e i suoi ministri, e pratico le virtù che insegna la vera dottrina. Disperata sarei, se a costo d'umano sangue, e per via di tradimento dovessi comprarmi questa miserabile esistenza.

Roc. (*giocolando con un dito sul labbro inferiore le tiene sopra fisso lo sguardo.*)

L'innocenza, Miledi, non si riscalda sì facilmente. Io già vi credo senza che giuriate, ed ho ben piacere, che nòn sappiate cosa alcuna di questo Enrico.

(*odesi il suono lontano d'un tamburo.*)

Gio. (*con sorpresa e spavento*) Cos'è questo?

Roc. Un editto di grazia, che si concede a qualunque reo d'alto tradimento che viene a scoprirsi da se, e a svelar quelli che lo teneano nascosto.

Gio. (*tremante*) Signore.... un simile mezzo....

Roc. 'E prudentissimo, e serve.... Cosa c'è, Miledi? voi impallidite? così debole siete di temperamento?

Gio. (*assai turbata*) Il vostro sospetto.... il modo crudele....

Roc. La vostra innocenza v'ha di troppo agitata; in verità, che questa non era la mia intenzione. Ma voi tremate sempre più? (*alzandosi*) Ehi, chi è fuori! Qualcheduno — presto.

SCENA XII.

John. Detti.

Roc. La tua padrona....

Joh. Miledi, cos' è stato? (*accorrendo da lei.*)

Gio. (*sforzandosi di rimettersi*) Nulla. Signore, io non sono avvezza a duri trattamenti; l'innocenza si offende del sospetto.

(*freddamente inchinandosi.*)

Scusate: vi chiede licenza. (*poi a John*) Seguimi. (*parte con John.*)

Roc. (*guardandole dietro*) Se tu sei innocente, ho disimparato a conoscere i colpevoli. Scommetto la mia testa, che Enrico Laud è qui nascosto; ma essa fa l'eroina, e non lo tradisce. Tanto meglio.... nobile e ricca; se lo discopro, la mando seco lui sul palco, e divengo suo erede. Che bel colpo! Speriamo che andrà bene. Con questa speranza andiamo a riposare tranquillamente una mezz'oretta.

(*entra a destra, e cala il sipario.*)

Fine dell' Atto secondo.

ATTO TERZO.

SCENA I.

Rock seduto a una tavola riccamente apparecchiata, e mangiando con ghiottoneria la minestra dalla zuppiera; poi John.

Roc. Deliziosa questa zuppa.

Joh. Signore. (*Rock finge di mangiare adagio e con svogliatezza.*)

Roc. Già la pietanza? Non portar altro, sai.

Joh. Comandate vino?

Roc. Il cielo me ne guardi! il vino riscalda, e può far divenir cattivo. Acqua fresca, e basta. (*vorrebbe mangiare, ma è inquieto per la presenza di John.*) Buon amico, quando dormo, e quando mangio, ho piacere di restar solo. Se mi occorre, chiamerò.

Joh. Come comanda. (Cielo! una grazia piccola piccola: fagli diventare una bomba colla miccia accesa il primo boccone che manda abbasso!) (*s' inchina e parte.*)

Roc. (*si rimette a mangiare con ingordigia.*)

SCENA II.

Enrico dalla sinistra. Detto.

Enr. (Egli è pur solo finalmente!.. Coraggio.. Vogliono, o scacciarmi, o tradirmi? Ebbene, compriamoci la salute colla loro rovina. (*lentamente e guardingo va verso la porta d' ingresso.*)

Roc. (*parendogli udir qualche rumore, di soppiatto guarda*) Un uomo! (*senza scomporsi*) Spada e pistole! — Ah ah! col nastro da realista! — Enrico Laud senza fallo: — Buono! chiude a catenaccio. Qui ci vuol sangue freddo. Già un reo fuggiasco manca di coraggio alla presenza del suo giudice.

Enr. (*avanzandosi ardito*). Siete voi Sir Raimondo Rock?

Roc. (*mescendosi dell' acqua*) Mi conoscete forse?

Enr. Arbitro della vita e della morte in tutta l' Inghilterra? Rispondete.

Roc. Un momento. (*bee*) Sono io l' uomo che sembra ricerchiate.
(*prendendo il piatto della carne, e tagliandola*) Cosa vi conduce da me?

Enr. Furore.... disperazione....

Roc. (*senza guardarlo*) Amico, vi avverto, che non sono uomo da paura. Se avete cuore, oprate, e non vi perdete in ciarle.

Enr. Male interpretate il mio passo.

Roc. Dunque alla conclusione.

Enr. Voi ricercate Enrico Laud?

Roc. (*voltandosi a lui*) Sì.

Enr. Se lo trovate, qual' è il suo premio?

Roc. Lo fo subito appiccare.

Enr. E se si presenta da se stesso, e disvela chi lo ha tenuto celato?

Roc. (*sorridendo*) Nulla ha più da temere, ed è libero e salvo.

Enr. Dunque salvatemi. La padrona di questa casa mi ha dato asilo: io sono Enrico Laud.

Roc. Siate il ben venuto! Vi prego, accomodatevi.

Enr. (*sedendo*) Giovanna m'involò l'eredità di mio zio; pure io l'amava. Ora ella vuol tradirmi, ed io l'ho prevenuta.

Roc. Tradirvi voleva! Oh guardate un pò, cosa sono i parenti!

Enr. La disgrazia fa aprir gl' occhi; ora solo conosco d'aver avuto torto di portar l'armi contro la mia patria.

Roc. Quello ch'è fatto, è fatto. Voi viverete, e diverrete l'erede di Giovanna. S'intende, che colla eredità dovrete pagare le spese del tribunale che la condanna, ed il viaggio per me, e per il Colonnello Harrison. La decima parte già spetta di diritto al Parlamento: mi figuro, che lo saprete.

Enr. Pigliate ciò che volete; mi resta sempre abbastanza.

Roc. E dove vi teneva nascosto?

Enr. In quella camera c'è un gran quadro, che rappresenta il Re Alfredi; dietro al quadro evvi una porticella segreta, che conduce in un' altra stanza.

Roc. Sotto il manto reale adunque? (*alzandosi*) Mio caro, questo ardito passo discopre in voi qualche cosa di grande, che potrà giovare alla nostra causa. Vi presenterò io stesso al Parlamento: abbiamo bisogno d'uomini simili a voi.

Enr. Ah! io sarò disprezzato da tutti!

Roc. Quando avrete ereditato, e sarete ricco? Oibò. Vi parlo per esperienza. Guardato con disprezzo, pochi mesi fa, perchè m'aggravava il bisogno; oggetto ora sono divenuto di venerazione, dacchè mi sono arricchito. Questa è la solita metamorfosi che produce l'oro. Coraggio, figliuolo! io prevedo che di te faremo un eroe. Va nel mio appartamento, e chiuditi dentro nella terza stanza; non aprire, se non ti chiamo. Oggi pubblicamente accuserai d'alto tradimento Giovanna Laud.

Enr. Pubblicamente!

Roc. Sì, fatto il primo passo, costa poco il secondo. Finalmente poi non fai, che riprenderti quello che t' involarono i vezzi di Giovanna. Va, figliuolo, non farmi lo scrupoloso. Una cosa ancora: lo Sceriffo sapeva, che tu eri qui nascosto?

Enr. No. (*odesi a battere alla porta di mezzo.*)

Roc. Silenzio, e ritirati.

(*Enrico entra a destra. Rock leva la sedia che ha servito per Enrico, e fregandosi le mani per allegria, va ad aprire.*)

SCENA III.

Harrison. Detto.

Har. (*uscendo*) Una lettera del Generale Cromwell; affretta il ritorno del mio reggimento, di cui abbisogna.

Roc. Da lui io non ricevo comandi. C' è altro?

Har. Null' altro.

(*Rock prende la lettera senza leggerla.*)

SCENA IV.

Giovanna. Detti.

Gio. Signore, voi siete stato servito, io spero, come avete desiderato?

Roc. Siete giunta a proposito, Miledi, per udire una notizia, che mi fa arrossire del mio precipitato giudizio di poco fa. Vostro Cugino Enrico Laud ha saputo sottrarsi alla giustizia.

Gio. Che vorreste dire?

Roc. Travestito s' è imbarcato a Plymouth col Conte d' Ormont, e con altri nove compagni, ed è fuggito in Olanda.

Giò. Dite il vero? non vi sdegnerete, se vi paleso, che questa notizia mi fa piacere?

Roc. Ecco la lettera che me ne dà avviso, acciò desista dal farne ricerca. Poco fa v' ho offesa innocente; e perciò adesso non voglio sapere, che questa notizia vi rallegri.

Gio. Io non ho mai conosciuto mio cugino; ma godo, che siasi salvato.

Roc. Zitto, Miledi, non parlate sì forte. Noi non dobbiamo sapere i vostri segreti. Harrison, seguitemi.

Har. (Io non comprendo nulla.) (*entrano a destra.*)

Gio. (*con energica ma sommessa voce*) Cielo, ti ringrazio! con questo errore tu m' hai salvata! Enrico mi seguirà, e durante la notte..... con Odoardo.... salvi in Olanda.... Andiamo a far parte di tanta gioja al vecchio John.

(*esce per la porta di mezzo.*)

SCENA V.

Rock. Harrison.

Roc. Chiudi la gabbia, onde non s' avveggano sì tosto della fuga del corvo. (*Harrison chiude la porta a sinistra, e si mette la chiave in tasca*) Chiama i giudici, e lo Sceriffo.

Har. V' è noto, ch' egli è l' amante di Miledi?

Roc. E questo è quello di cui mi godo.

Har. (*già sulla porta di mezzo*) E già quì: ve lo mando subito. (*parte.*)

Roc. (*passeggiando allegro, e fregandosi le mani*) Anche in questa città la sorte mi favorisce; anche quì una bella donna di rango da mettere sul palco! Allegramente: sempre di bene in meglio.

SCENA VI.

Sir Odoardo e Rock.

Odo. (*con dignità*) Sir Rock!

Roc. (*con affettata umiliazione*) Lo Sceriffo forse?

Odo. Appunto.

Roc. (*con ironico rispetto*) Sir Hamilton! antico inglese Barone!

Odo. Tale son io; come voi un Raimondo Rock.

Roc. (*dopo breve pausa d' indignazione*) Parente forse di quell' Hamilton che a Londra, cinque mesi or sono, ho avuto l' onore di mandare al patibolo?

Odo. Sì, mio zio, morto per mano d' un carnefice.

Roc. Io non ho fatto, che sottoscrivere la sentenza.

Odo. Signore, per il buon ordine vi prevengo d' avvisare l' uomo vestito da Colonnello che v' accompagna d' essere civile e ritenuto. Con maniere rozze e improprie s' è fatto lecito d' offendere la Dama che v' alberga.

Roc. Davvero! Questi eroi alle volte sono poco cerimoniosi! Capite! ha la spada, e vuole imporci.

Odo. Un' altra volta che manchi di rispetto, avrà che fare con me: diteglielo francamente.

Roc. Non so ambasciate io — però saprò proteggervi.

Odo. So proteggermi da me, nè il vostro eroe è fatto per impormi. Signore, che avete a comandarmi? Ho degli affari molti, dovendo preparare le spedizioni per una mia nave che domani con ricco carico parte per l' Olanda.

Roc. Domani! (*mostrando indifferenza*) Converrà adunque, che oggi esamini i passaporti, e faccia visitare la nave per vedere, che non vi sia nascosto qualche reo di Stato.

Odo. Signore, la nave è mia; ed io rispondo di quanti vi saranno imbarcati sopra.

Roc. No, il mio caro Sir Hamilton, vi voglio troppo bene per esporvi a qualche disgrazia. Capisco, che siete di buon cuore, e facile ad essere ingannato. Visiterò la nave da me stesso in persona.

Odo. La nave è stata visitata da' Giurì; i passaporti sono in regola, e tutto sta a dovere. Chi pretende farvi nuove visite, lo fo cacciar fuori di bordo.

Roc. (*giocolando colle dita*) Male, perchè io non so nuotare.

Odo. Il vostro potere non si estende sul mare; e come Sceriffo, saprò sostenere i miei diritti.

Roc. Per carità non vi riscaldate; mi fate paura.

Odo. Signore, non vi fate lecito di burlare; rispettate la famiglia Hamilton.

Roc. Questi nomi antichi oggidì sono diventati abiti vecchi. Chi è saggio, se ne spoglia, e si veste alla moderna. Veggo, caro amico, che non mi capite, e che ancora non mi conoscete.

(*sedendo.*)

Odo. Vi conosco anche di troppo; mi ricordo d'avervi più volte veduto in casa di mio zio che avete condannato a morte. Allora eravate un semplice scrivano del suo avvocato.

Roc. Adesso ho imparato a scrivere assai meglio. Per altro vostro zio era un bravo uomo: non mi vergogno di confessare d'aver ricevuto da lui del bene.

Odo. E non vi tremò la mano nel segnare la sua morte?

Roc. Niente affatto. Il dovere rende facile qualunque cosa. Chiusi gl'occhi, e dissi: egli è reo, gli si tagli la testa. Due righe sopra un foglio, e uno degli antichi Hamilton restò annientato.

Odo. Io vi guardo, e v'ascolto con raccapriccio.

Roc. Nulla, mio caro; è vero, che siete anche vo un Hamilton: ma siete de' nostri, e non avete da temere.

Odo. Io temere un pari vostro! Mio zio mostrò fino sul palco, che gli Hamilton non conoscono timore. Quel rispettabile vecchio, che in più battaglie erasi familiarizzato colla morte, sorridendo sottopose l' incanutito suo capo alla mannaja del carnefice. Di questo non è capace un miserabile scrivanello.

Roc. Che sa colla penna far anche di più. Lo scrivanello è capace di farvi seppellire.

Odo. Uomo!....

Roc. (*alzandosi*) Giudice supremo son io dell'alta Corte criminale, con pieno potere di giudicare, e arbitro della vita e della morte. Trema il suolo, ch' io calpesto, e prima di sera vedremo, se l' orgoglioso Barone è uomo da stare a petto d' un miserabile scrivanello.

Odo. (*sfoderando la spada*) Alla prova:

Roc. Ah! ah! io non sono spadaccino.

(*rimettendosi a sedere.*)

Lo scrivanello Rock dà di piglio alla sua penna, quando vuole condannare una bella donna.

Odo. Donna! (Cielo! essa è scoperta!)

Roc. Sì, una bella e giovane donna. Il di lei nome, già scritto sul libro di morte, calmerà fra breve la vostra furia. Oh! diventerà piccolo, umile e tremante il superbo Baronetto.

Odo. Barbaro, no, non eseguirai il tuo diabolico progetto. Io saprò oppormi.

Roc. Mi fate compassione. Opporvi? se già a quest' ora tremate.

Odo. Pronunziate il nome, io lo voglio.

Roc. Ecco come sono gli innamorati! subito si trovano in angoscia di morte, quando veggono le loro belle in pericolo. Appunto per capriccio non voglio dirvene il nome.

Odo. Dillo, o t' uccido. (*con atto minaccioso.*)

Roc. (*giocolando colle dita sulla tavola*) Ah! ah! poveretto! siete morto, e non ve n' accorgete.

Odo. Rock! (*con furore come per ucciderlo.*)

SCENA VII.

Harrison. Detti.

Har. Furioso! (*accorrendo ad arrestarlo.*)

Roc. Lasciatelo pure; già non mi fa nulla.

Har. E voi tollerate un tale insulto?

Roc. Se ne pentirà, lo vedrete. A momenti questo grand' uomo sarà gemebondo a' miei piedi.

Odo. Comprendo ciò che vuoi dire; ma conoscerai, che Hamilton è uguale a se stesso, e non si smentisce. Uomo, so compiangere; Sceriffo, so condannare a norma delle leggi.

Roc. Bravo! e allora sarete da me stimato. Ditemi: è vero, che amate Ladi Giovanna Laud?

Odo. Questo a voi non dee importare.

Roc. Assai m' importa bene l'accusa fatta contro di lei.

Odo. Quale?

Roc. D' alto tradimento. Che farà ora lo Sceriffo?

Odo. Giusta le leggi farà il processo, e pronunzierà la sentenza. Chi è il suo accusatore?

Roc. Chi in sua casa da tre settimane è nascosto, suo cugino Enrico Laud.

Odo. Dov' è? dov' è questo mostro?

Roc. Sotto la mia protezione.

Odo. Egli? e di sì orribile attentato rimarrà impunito?

Roc. Anzi premiato.

Odo. E così ogni sentimento d' umanità si spegne? così la più nera ingratitudine..... Ah! (*breve pausa*) È già arrestata la rea?

Roc. Questo tocca a voi.

Odo. Fra poco sarà in carcere.

Roc. Meno furia: è libera, e per ora dee restar libera.

Odo. Andrò a esaminarla. (*in atto di partire.*)

Roc. Fermatevi. Senza di me non si procede.
(*parla all' orecchio di Harrison che esce, e poco dopo ritorna.*)

Odo. Lasciatemi costituirla.

Roc. Non c' è questa premura. Harrison, conducetelo da Enrico Laud; uniti esaminatelo.

Odo. Potess' io soffocare colle mie mani questo scellerato!

Roc. Simili scellerati meritano rispetto: senza di loro come si scoprirebbe il tradimento? Io v' impongo d' udirlo e di rispettarlo. Enrico Laud è divenuto mio figlio. Andate.

Odo. (Figlio degno di tal padre. Dio, sostienmi.) (*entra a destra con Harrison.*)

Roc. (*fregandosi le mani*) Orgoglioso, non mi dimentico lo Scrivanello: me l' hai da pagare con sudori di morte.

SCENA VIII.

Giovanna. Detto.

Gio. Signore, vi disturbo?

Roc. Una bella donna non disturba mai: favorite.

Gio. Di fuori sono i Giuri della Città.

Roc. Saranno venuti per ossequiarmi; ma io sono fatto alla buona, non mi curo di siffatte cose. Scuserete, se fo uso di questa sala.

Gio. Posso chiedervi una grazia?

Roc. Mille, mia bella Signora..

Gio. Vorrei, che vi compiaceste dire al Colonnello, che lasciasse la sua camera al mio vecchio servitore; gli darò un appartamento.

Roc. Questa camera qui a sinistra? E perchè? avete la gran bontà per quest' uomo?

Gio. Mi è molto affezionato, e fedele.

Roc. E le donne stimano assai la fedeltà. Anche Sir Hamilton è un amico fedele, eh? Non arrossite: siete pure a lui promessa?

Gio. Chi ve l' ha detto?

Roc. Egli medesimo. Il vostro defunto marito era assai ricco, è vero? Cosa v' ha lasciato?

Gio. Una signoria, questa casa, e trenta mila lire sterline.

Roc. In danaro! Bella somma. Se è lecito, le avete messe a censo?

Gio. Ho dato molto a' poveri.

Roc. Questo è buono per il regno de' cieli. E il resto presso di chi l'avete?

Gio. In buone mani.

SCENA IX.

John. Detti.

Joh. Miledi.... (*vedendo Rock si arresta.*)

Roc. Che c'é, servo buono e fedele? parla pure senza soggezione.

Joh. Voleva dire, che de' Soldati circondano la casa.

Gio. Signore!

Roc. Nulla. Se mai vi rincrescesse:...

Gio. Sì, allontanateli; in casa mia vi garantisco quiete e sicurezza.

Roc. Oh! io dormo sempre tranquillo, anche a porte spalancate. Un sommo potere qual'è il mio, di nulla teme. Fa entrare i Giurì.

Joh. (Potessi far entrare un cocodrillo che t'ingojasse!) (*va ad aprire la porta di mezzo, e nell' altra sala si vedono i Giurì.*)

Roc. Miledi, voi mi diceste di non conoscere Enrico Laud?

Gio. E ve lo confermo.

Roc. Non l'avete mai.... mai veduto?

Gio. Mai.

Roc. (*con voce terribile*) Dunque ve lo farò conoscere e veder io. Giurì, entrate.
(*in fretta entra a destra.*)

Joh. Ah! siamo perduti! Quella voce è stato il tuono, ed ora viene il fulmine senz' altro.

Gio. No, l' Onnipotente non abbandona chi in lui confida.

SCENA X.

Frattanto sono entrati nella sala vestiti de' loro abiti da Giurì Valton, Effingham, Fink, Dark, Curl, Leib, che si mettono sul fondo in atteggiamento di persone accorate e timide. Rock comparisce sulla porta, tenendo per mano Enrico, seguito da Odoardo e da Harrison.

Roc. Giovanna Laud, alza il capo: rea tu sei d' alto tradimento; ed ecco il tuo accusatore.
(*ritirandosi, e d' una mano cacciando avanti Enrico.*)

Gio. (*vedendolo*) Enrico! Ah!
(*getta un grido e casca tramortita.*)

Odo. Giovanna! (*correndo a soccorrerla.*)

Joh. Cielo! misericordia! siamo tutti morti. (*inginocchiandosi colle mani alzate al cielo.*)
(*I Giurì fanno atti di dolore e di spavento.*)

Har. Bel colpo! (*Enrico si rivolge e si copre il volto colle mani.*)

Roc. (*nel mezzo della scena fregandosi le mani*) Degno di me. Lo scrivanello comincia a farsi conoscere. Virtuosi eroi, tremate.
(*cala il sipario.*)

Fine dell' Atto terzo.

ATTO QUARTO.

Vasta sala gotica con gran porta nel mezzo e due laterali. Una gran tavola elevata sopra un ripiano con balaustrata tutto all' intorno, con piccolo rastello basso che lascia l' ingresso nell' interno del suddetto ripiano. La tavola è coperta da un gran tappetto rosso, e sopra la medesima una grandissima pergamena aperta coll' occorrente per iscrivere. Sedie all' intorno, ed una nel mezzo più elevata e distinta.

SCENA I.

Valton passeggia pensieroso per la sala; poco dopo escono Effingham, Fink, Dark, Curl e Leib, parlando fra loro, e tutti mesti e abbattuti.

Val. Ebbene, amici?

Eff. Oh Valton, a quali orribili tempi abbiamo sopravvissuto!

Fin. Non giudici qui ci vogliono, ma carnefici.

Dar. Il solo pensiero di ciò che dobbiamo vedere, mi atterrisce!

Val. Così pusillanimi siete voi? Ben con diverso sentimento io qui venni. La compassione non è un delitto in Inghilterra. Quand' anche rea si voglia Giovanna, niun danno ha ella recato alla patria. Si bandisca, si deporti; ma condannarla alla morte.... no. Ecco la nostra Magna Carta, l' antemurale della nostra libertà. *(andando alla tavola)* Chi di questa i diritti conosce; giuri di sostenerli; e se a ciò siamo tutti concordi e risoluti, Giovanna Laud non morrà.

Fin. Non alzare tanto la voce.

Eff. Se osiamo resistere, saremo perseguitati, e banditi in qualche spiaggia deserta dell'Indie.

Val. Colà pure vi sono degli uomini, selvaggi sì, ma meno barbari di questi tiranni! Io non do il mio voto, lo giuro al cielo che m'ode.

Fin. Taci; alcuno viene.

SCENA II.

Odoardo in grand' abito da Sceriffo. Detti.

Odo. (*saluta tutti, e s' avanza*) Un' altra sedia. Il Colonnello sarà assistente al giudizio.

(*uno de' Giurì va sulla porta a sinistra, sù cui presentasi l' Usciere, il quale dopo avere ascoltato ciò che l' altro gli dice all' orecchio, rientra; indi esce e porta una sedia che mette vicino alla tavola; poi ritorna nella camera a sinistra.*)

Val. (*a Effingham*) Osserva com' è turbato lo Sceriffo?

Odo. (*dando a' Giurì alcuni fogli*) L' accusa d' Enrico Laud: esaminatela da voi in silenzio.

(*i Giurì s' uniscono in un canto della sala, e si occupano della lettura, dando indizj di sorpresa e indignazione.*)

Odo. (*s' accosta alla tavola, e prende in mano la pergamena*) Sacro deposito della felicità vera e solida della mia patria, io ti bacio con dolore, giacchè più non esisti, che per essere vilipesa e calpestata dal fanatismo de' partiti.

Val. Orribile è quest' atto, e sì orribile, che ogni linea fa fremere d' indignazione.

(*a Odoardo che ritorna fra loro*)

Sceriffo, avete voi coraggio e fermezza?

Odo. Per parlare.... no.

Val. Io sono risoluto.

Odo. Chi lo è da vero, nol dice.

Val. Voi mi conoscete.. Miledi sarà salva.

(*odesi battere un tamburo.*)

Eff. Che? i soldati....

Odo. Si mettranno sull' armi per il supremo Giudice. Prendete il vostro posto.

SCENA III.

Harrison, Rock. Detti.

Har. (*con una bacchetta in mano entra senza salutare, e va alla tavola.*)

Roc. (*lo segue in atteggiamento umile, inchinandosi*) Signori, sono a pregarvi d' una grazia: compiacetevi di ritirarvi col Colonnello per brevi istanti. Ho degli ordini del Parlamento da comunicare al rispettabile Sceriffo della vostra città.

(*Harrison precede ed entra co' Giurì nella stanza a destra.*)

Odo. Che mi comanda il Parlamento?

Roc. (*con tuono confidenziale*) A parte il rancore: parliamoci da amici. Dite il vero, Sir Hamilton: siete voi veramente risoluto di sedere al giudizio?

Odo. Dove si tratta del mio dovere, non ho mai esitato.

Roc. Volete adunque far prova d'anima grande, e porvi al confronto colla mia?

Odo. Colla vostra? a tal confronto non aspiro.

Roc. Amico, ci perderete. Io non sono crudele quale forse vi figurate, o quale rassembro.

Odo. Come sarebbe a dire? spiegatevi più chiaro.

Roc. Da uomo voglio agire, e farvi conoscere, che sono umano e compassionevole.

Odo. In qual modo?

Roc. Autorizzandovi, come Giudice supremo, a ritirarvi dal doloroso uffizio di condannare Giovanna a morte. A morte, sì, è infallibile; non v'è nume che la salvi.

Odo. Ah! Iddio è onnipotente.

Roc. E può fare un prodigio, voi volete dire: fate conto, che sia fatto in me, nel mostrarvi, che sono compassionevole.

Odo. Non vi comprendo.

Roc. Parlando, mi comprenderete. Il Parlamento ha più bisogno di danaro che di sentenziar colpevoli. Ricca è Giovanna Laud; ma i suoi beni appartengono di diritto all'accusatore, e alla cassa pubblica non tocca che una miseria. Ho detto fra me: facciamo del bene allo Stato, e consoliamo degl' infelici. Sir Hamilton ama Giovanna, ed è ricco; paghi adunque Sir Hamilton dieci mila lire sterline, e Giovanna è salva dalla morte.

Odo. Oh Sir Rock, che il cielo vi feliciti! venite a prendere il danaro, e cinque mila lire di più per voi.

Roc. Zitto, non alzate tanto la voce: i Giurì hanno buone orecchie. Ah! vedete voi, se parlandoci senza rancore, ci siamo subito intesi.

Odo. In tutta segretezza vi conterò la somma in oro effettivo.

Roc. (*fregandosi le mani*) Il contratto della vita è fatto; e questo riguarda voi. Facciamo ora quello della libertà che la di lei persona riguarda. Miledi ha in contante, me lo ha detto ella stessa, trenta mila lire sterline. Miledi sborsi questa somma, e tutto è conchiuso.

Odo. Signore, voi esigete molto.

Roc. Molto per tutto, Sir Hamilton: si tratta di libertà e di vita.

Odo. Ebbene..... si faccia. Sospendete il giudizio, e ricevete il danaro: domani direte, che non v'è luogo ad accusa.

Roc. Il cielo me ne guardi. Io riceverò il danaro, ma non rimetterò mai Miledi in libertà. L'affare è troppo divulgato, e voglio, che la giustizia abbia il suo corso, e che Giovanna sia condannata a morte.

Odo. (*che comincia a insospettirsi*) E poi?

Roc. Io la fo rimettere in arresto a casa sua; si sceglie una camera con doppia uscita, e di nottetempo per la via del giardino la rea sparisce, e va a celarsi in una nave.

Odo. (Quale diabolica trama!)

Roc. Seco lei s' imbarca, Sir Hamilton; sul far del giorno vele al vento, io chiudo gl' occhi, e non li apro, che per gridare, e fare le mille maraviglie sull' accaduto. Ah! che ve ne pare? bello e facile non è questo piano?

Odo. Facile, bello — ma non eseguibile.

Roc. (*sorpreso*) Perche?

Odo. La mia nave non può partire; vi si sono scoperti de' bisogni da ripararsi; e poi io abbandonare per sempre la patria? perdere in un istante il retaggio de' miei antenati? No, nol posso. Io diverrei un miserabile, e in seno della miseria si spegne il più caldo amore.

Roc. Capisco, che il vostro è il più freddo che esista.

Odo. La ragione, signore, mi dirigge, non cieca passione. Sappiate, che la generosità sola mi dettava il sacrifizio delle dieci mila lire, giacchè Giovanna Laud non poteva più essere mia sposa.

Roc. Oh! per qual motivo?

Odo. Una donna che azzarda la sua vita, per tenere nella propria casa nascosto un giovine, ch' io medesimo di notte tempo vidi a' di lei piedi in giardino; quand' anche esente da qualunque accusa fosse, non può più portare il mio nome.

Roc. Bene, bene, quand' è così.... Basta: avete ancora tutta la notte da pensarvi.

Odo. Ho pensato, e non mi cambio.

Roc. Dunque chiamate i Giurì, e comincj la seduta.

Odo. (Invano m' hai teso il laccio, mostro d'averno!) *(entra a destra.)*

Roc. *(con dispiacere)* Pazienza! gl' ho tirato la rete, e il colpo m' è andato fallito. Che bella cosa, se vi cadeva! Colti in fuga, erano presi, processati, e morti: beni, gioje, danari, tutto nelle mie mani. Pazienza! c' è ancora tempo, e non dispero.

SCENA IV.

Harrison, Odoardo, e i Giurì vengono dalla destra, e l' Usciere dalla sinistra.

Roc. Signori, al posto. *(va per sedere sull' angolo destro.)*

do. Sir Rock, questa è la vostra sedia.
(additando la più eminente.)

oc. Oh! io odio le distinzioni. Più alto o più basso ch' io sia seduto, ciò non altera la mia giustizia. *(egli siede sull' angolo della tavola a destra; Harrison vicino a lui. Sir Odoardo occupa la sedia distinta: Valton siede di facciata a Rock, indi gli altri Giurì.)*

do. Usciere, aperto sia l' ingresso a chiunque vuol essere presente al giudizio.
(Usciere apre la porta di mezzo.)

SCENA V.

odwin con sei marinaj ugualmente vestiti, diversi cittadini, e varie persone del popolo, entrano, ed occupano la sala sul fondo e ne' laterali. Fuori della porta grande si vedono quattro soldati in sentinella.

oc. *(si alza, e con modo umile si leva il cappello e saluta il popolo.)*
In nome del Parlamento che rappresenta la maestà del popolo inglese, io vengo in questa città per liberarla, e unirla per sempre di sentimento e d' interesse alla causa comune dell' Inghilterra. Udiste pubblicare testè, che reo di morte si rende, chiunque assistenza o asilo concede a un realista; e che questi può sfuggire al suo destino, se da se stesso si palesa, e denunzia il suo albergatore. Sir Enrico Laud, detestando il suo traviamento, s' è approffittato del salutare editto, ed ha accusata come rea d' alto tradimento Ladi Giovanna Laud, uni-

tamente al suo vecchio servo John Varrén. — *(all' Usciere)* S' introduca l' accusata. *(siede. L' Usciere esce dalla porta di mezzo.)*

SCENA VI.

Giovanna condotta dall' Usciere. Essa è vestita tutta di bianco: si avanza modesta e ilare; salutando prima il popolo, di poi i Giurì.)

Har. *(a Rock a mezza voce)* Sir Rock, vedete voi che tranquillità?

Val. *(che ha udito, dice ugualmente a loro a mezza voce)* Chi non ha rimorsi, e mette la sua fiducia nel cielo, ha fermezza anche in qualunque periglio.

Roc. *(con sorriso maligno)* Lo credo; ma le precauzioni sono sempre prudenti. Usciere, terrai in pronto dell' aceto, e qualche spirito risvegliante.

Gio. Signore, non v' affannate per me; io non ne avrò di bisogno. Ciò che voi colpa chiamate, non mi toglie la speranza d' una vita migliore. L' aver io usato pietà verso un mio parente, di cui non istò io ad esaminare la reità o l' innocenza, esser può delitto su questo suolo; ma non lo è colà, dove mute sono le passioni, e verità solo regna. Interrogate, signore; menzogna non uscirà dal mio labbro.

Roc. Quest' Uffizio non è mio; esso appartiene a Sir Hamilton.

Gio. Egli! *(dà una occhiata di compassione a Odoardo, poi si rivolge a Rock)*
Come raffinata è la vostra crudeltà!

Roc. Io credea di meritarmi riconoscenza, e non

rimprovero. Chi ha per suo giudice un amico del cuore, non ha da temere.

Odo. (con fermezza e serietà) Miledi, nulla di comune ha l'amico colla carica, nè l'uomo col giudice. Il destino qui mi vuole per pronunziare il giusto, e per proteggere l'innocenza contro l'ingiustizia.

Roc. Inutili sono i preamboli. Giovanna Laud, rispondete a me, e calcolate bene ogni vostro accento. Conoscete voi Sir Enrico Laud?

Gio. (con un sospiro) Si; dacchè m'ha tradita, ho imparato a conoscerlo. Perdonate al mio dolore: l'ingratitudine profonda piaga imprime in un'anima sensibile. Se stabilito è ch'io muoja, cadrò vittima della sconoscenza e della ferocia, e dal mio sangue inalzerassi negra colonna, su cui in sanguigni caratteri starà scolpito: in mezzo alle fazioni, vantando i dritti dell'umanità, gli uomini s'uccidono, perchè furono compassionevoli.

Roc. Vi consiglio a lasciar da parte il parlar poetico; può nuocervi assai.

(fa di cenno all' Usciere, cui dà de' fogli.)

Leggete l'accusa di Sir Enrico, e difendetevi.

Gio. (prende i fogli dall' Usciere, apre e legge)

La pura verità contiene questo scritto. *(rimette i fogli all' Usciere che li dà a Rock.)*

Nella casa mia il tenni celato tre settimane. Se l'aver pietà d'un suo parente è delitto, io attendo la mia pena.

Val. Miledi, avevate voi intenzione di denunziare Sir Enrico, se non eravate da lui prevenuta?

Gio. No, straniero è al mio cuore il tradimento. Ben risoluto era di ciò fare il mio vecchio servo

John, come lo indica nella sua accusa lo stesso Enrico; e perciò io supplico, che il tribunale non avvolga nella mia disgrazia questo vecchio.

Roc. Ciò si vedrà a suo tempo: questione è adesso di voi. Avete null'altro da dire?

Val. Miledi, era a voi veramente noto, che dando ricovero a un realista, vi facevate rea di morte?

Roc. Amico, risparmiati la fatica; non hai ancora la parola.

Val. Ho ben il cuore che altamente grida.

Roc. Lascialo gridare: col silenzio guadagnerai assai di più. Giovanna, se nulla avete da dire, ritiratevi.

Gio. Un momento. Come accusata, chieggo che mi si presenti a confronto il mio accusatore.

Roc. Venga Enrico Laud.

(l' Usciere entra a sinistra.)

SCENA VII.

L' Usciere, Enrico. Detti.

Enr. *(s'avanza con franchezza, ma al vedere Giovanna, si sbigottisce, e getta un involontario grido d' orrore)* Oh!

Gio. *(con dolcezza, benchè commossa assai)* Perdonate, cugino, se ho richiesto di vedervi. Voi mi avete tradita per salvar voi stesso; non voglio credere, che più maligno pensiere v' abbia a ciò indotto. Io vi perdono, e pregherò per voi. Una supplica, Sir Enrico: esauditela, e l' Altissimo pure vi perdonerà.

Enr. *(cogli occhi a terra, e con voce cupa)* Parlate.

Gio. Voi non ignorate che il mio servo John eravi nemico, e che, s'io non l'avessi impedito, vi avrebbe ucciso, o denunziato. Quest' uomo non dee subire la mia sorte. Innanzi a Dio adunque, innanzi a' Giudici promettete di difendere questo vecchio, e di salvarlo.

Enr. (verso il tribunale) Sì; Giudici, John era risoluto di denunziarmi, ed è per questo, ch' io l' ho prevenuto.

Gio. Ora sono contenta. Il Cielo vi rimuneri questa verità. Sir Enrico, come mio erede, ricevete e rispettate l'ultima mia volontà. *(dandogli un foglio)* Abbiate compassione de' miei poveri servitori, a' quali lascio con questo foglio una memoria della mia gratitudine, ed un lieve premio alla loro fedeltà. Nessun odio contro di voi mi resta, o cugino; vi compiango, vi perdono, e siamo riconciliati. Addio. Giudici, pronunziate il mio destino. *(entra a sinistra accompagnata dall' Usciere.)*

Enr. Ed io, scellerato, io ho potuto tradirla? ah! non saprò sopravvivere al mio delitto! *(disperato la segue.)*

Roc. Che uomo debole! A noi, Signori. Valida è l' accusa; liberi e franchi sieno i vostri voti: dichiaratela rea d' alto tradimento.

Val. (alzandosi con impeto) No, Giudici, rea non è Giovanna.

Roc. Pover' uomo! tu sei da capo co' tuoi gridi.

Val. Per dire la verità, sono io qui venuto, e di dirla niuno ha dritto d' impedirmi. Quale nomar si debba reo di tradimento, in questo sacro deposito a chiare note sta scritto, e a questo altamente io m' appoggio, e questo reclamo.

Roc. Appoggiati e reclamati dove vuoi. Io la dichiaro rea d'alto tradimento; e col nome ch'io loro impongo, debbonsi chiamare gli uomini. Il tuo sacro deposito è distrutto: il Parlamento solo ora comanda.

Har. E se di gridare ancora ardisci, a suono di tamburo imparerai a rispettare il nostro volere. Siedi, e taci.

Val. Io non seggo ove schiavo della prepotenza è il giudizio. Secondo le leggi della gran Carta io fui nominato Giurì; colla scorta di quella, e col grido della mia coscienza, ho giurato di pronunziare il mio voto. Ora che la gran Carta più non esiste, io Giurì più non sono, e vi lascio. Addio. *(parte.)*

Roc. Colui inquieta, ha una voce che stordisce: converrà fargliela diminuire. Giurati, pronunziate: v'è luogo ad accusa? Rea è d'alto tradimento Giovanna Laud? Alzisi, chi lo conferma.

(I Giurati un dopo l'altro si alzano, e approvano, portando una mano al petto; indi si rimettono a sedere.)

Sir Harrison, stendete la sentenza. *(Harrison scrive)* Allo spuntar del giorno di domani....

Har. *(con ammirazione a Rock)* Domani!

Roc. Sì, domani sarà decapitata. *(verso Odoardo)* Per questa notte sarà guardata a vista in un appartamento della propria di lei casa, e lo Sceriffo è della persona della condannata reso responsabile vita per vita.

Har. Stesa è la sentenza.

(Rock sottoscrive, indi Odoardo, poi i Giurati.)

Roc. Sia condotta la rea. *(Usciere parte.)*

SCENA VIII.

Giovanna, Usciere. Detti.

Gio. *(da se)* Ah! il pentimento d'Enrico m'ha involato il coraggio.

Roc. Inalzate la bacchetta funesta del giudizio; e voi Sir Hamilton, fate il vostro dovere.

(Harrison colla mano inalza la bacchetta. Sir Odoardo prende la sentenza, s'alza in piedi e cerca di far forza al suo turbamento.)

Odo. *(con tuono tremante, ma sforzato legge:)* In nome del Popolo inglese, e del Parlamento.... Giovanna.... Laud....

(a poco a poco gli manca la voce, gli casca di mano il foglio, e s'abbandona sopra la sua sedia.)

Roc. (*prontamente riprende il foglio, e legge con voce alta e presta*) Giovanna Laud, convinta è confessa rea d'alto tradimento, domani allo spuntar del giorno sarà pubblicamente decapitata per mano del carnefice.

Har. (*rompe la bacchetta, e la getta a' piedi di Giovanna.*)

Odo. (*appena reggentesi viene condotto via da Effingham.*)

God. (Assassini! la vedremo bella.)

(*parte co' suoi marinaj.*)

Roc. (*alzandosi*) Chiusa è la seduta.

Gio. (*con un profondo sospiro*) Domani! — Dio di pietà, a te mi abbandono! Senza mormorare io mi sommetto al mio destino; di nessuno mi lamento, nessuno odio e condanno. La mano onnipotente che ad arbitrio suo dà vita o morte, così vuole, e al voler suo umile chino il capo. (*a Rock*) Signore, una grazia imploro con tutta l'anima, e, se l'ottengo, benedirò il vostro nome, e meno dolorosa mi sarà la morte: John, il mio vecchio e fedele servitore è innocente; posso morire colla certezza, che non sarà attentato alla di lui vita?

Roc. La volontà manifestata di denunziare Enrico lo salva dal rigore delle leggi.

Gio. (*cadendo ginocchioni colle mani alzate al cielo, e in un trasporto di gioja*) Ente di bontà, ricevi la mia riconoscenza per questa grazia, che tu ti degni di fare a una sventurata. Nella mia sciagura io sono sola, e non muojo col terribile rimorso d'aver fatto versare il sangue d'un mio simile. Coll'accento della più viva gratitudine io te ne ringrazio. Perdona a' miei giudici se hanno errato; perdona al pentito cuore dell'autore d'ogni mio male, e fa, che il mio sangue sia l'ultimo sacrifizio che il furore versa sull'ara del fanatismo e delle fazioni. La tua assistenza fino al punto fatale, che a te mi dee unire per sempre. (*si alza*) Conducetemi.

(*Giovanna parte in mezzo a' soldati, preceduta dall' Usciere; mentre per varie parti escono gli altri e cala il Sipario.*)

Fine dell' Atto quarto.

ATTO QUINTO.

Camera terrena con una porta grande d'ingresso, ed una piccola laterale con catenaccio a serratura al di dentro. Poche sedie, ed un tavolino, su cui ardono due candele consumate più di due terzi.

SCENA I.

Sir Odoardo, Valton, John, Godwin, e due Marinaj. All'alzarsi del sipario sono in atteggiamento di tenere un dialogo animato e segreto; quasi subito esce Effingham dalla porta grande.

Eff. Harrison è uscito dalla sua stanza, ed è entrato in quella di Rock.

Val. Invigila ad ogni loro movimento.

(*Effingham parte.*)

Odo. Godwin, intendesti? Raccomanda a' tuoi marinaj che non si movano, se non al momento, che dalla tribuna io darò il segnale colla voce, e col mio fazzoletto bianco. Lo stesso raccomando a te, mio caro Valton. Grande è il periglio; ma altro mezzo non v'è alla di lei salvezza.

God. Non parlate di periglio: la gente di mare v'è troppo famigliarizzata per non temerlo.

Odo. Povera Giovanna! avessi potuto farle pervenire un cenno di quanto abbiamo oprato; ma prudenza non voleva, che tanto azzardassi! Che penserà ella di me, vedendomi co' suoi assassini?

Joh. Cosa volete che pensi quell' anima incapace di pensar male di nessuno; compiangerà la necessità in cui si trova il suo amante di dover esercitare sì doloroso uffizio. Ah! se mi lasciava fare, non sarebbe ridotta a questo passo: il birbante a quest' ora sarebbe bello che incassato, in fondo di stiva, e poco lontano a servire di pascolo a' pesci.

Odo. La nave è in pronto?

God. In minuti è alla vela.

Odo. Ed il vento?

God. Mai più ha spirato così propizio.

SCENA II.

Effingham. Detti.

Eff. (*sulla porta*) Enrico Laud vi cerca, Sceriffo, e vuole ad ogni costa parlarvi. (*si ritira.*)

Odo. Nuova trama di Rock. Amici, partite, e il tutto disponete: prudenza e coraggio. Si tratta di salvare l' innocenza.

God. E la salveremo.

Val. O morremo tutti, ma vendicati.

(*escono per la porticella co' due marinaj.*)

Joh. (*piangendo bacia la mano a Odo.*) Signore....

Odo. Buon servo, va in nave, e prega il cielo per noi.

Joh. Lo pregherò io; ma ho paura, che le mie preghiere restino a mezz' aria, perchè non ho fiato di mandarle più in su. (*parte cogli altri.*)

SCENA III.

Effingham e Odoardo.

(*Mentre Odoardo chiude la porticella col catenaccio, e a chiave.*)

Eff. Sir Enrico ha saputo che siete qui, e viene per parlarvi.

Odo. Prendi questa chiave, e nascondila: monta sopra, e rimanti presso la porta di Giovanna.

Eff. Ho inteso.

Odo. Lascia che entri Enrico.

(*Effingham parte, e Odoardo siede presso il tavolino in aria seria e concentrata.*) Dissimulazione per non lasciarmi sorprendere.

SCENA IV.

Sir Enrico scomposto, pallido, e con tutti i segni del dolore e della disperazione.

Enr. (*gettandosi a' suoi piedi*). Hamilton, le furie del rimorso mi strascinano a' tuoi piedi. Perdona al carnefice di Giovanna, al distruttore della tua felicità.

Odo. A te nulla giova il mio perdono; come alla infelice Giovanna inutile riesce il tuo pentimento.

Enr. (*alzandosi*) Inutile no, Hamilton, lo giuro per quanto v' ha di più sacro, inutile non è il mio pentimento. Quell' angelo di bontà è salvo, se meco riconciliato, la mano mi stendi d' amicizia e d' alleanza.

Odo. (*alzandosi*) Io stringere quella mano, che del sangue gronda di colei ch' era l' idolo dell' anima mia!

Enr. L' amor tuo m' era ignoto, e quando il seppi, il colpo fatale era scagliato, nè più si potea ritrarre. Un demone m' afferrò pei capelli, e bendandomi gl' occhi colla mano della rabbia e della disperazione, mi trasse al fatal passo. Nel punto istesso vidi l' orrore del mio delitto, e il rimorso s' impossessò del mio cuore. Ella m' ha perdonato, o Hamilton; sarai tu men generoso di lei?

Odo. E a che ti servirebbe la mia riconciliazione?

Enr. Teco unito, io di nulla temo; Giovanna è salva, e pascolo di morte è l'empio Rock.

Odo. Forsennato! che osi dire? Va, allontanati, lascia quell'infelice al suo destino.

Enr. No, io non la lascio. Agevole e sicuro è il colpo. Ventiquattro soli sono i satelliti del Tiranno; il Popolo rimarrà spettatore tranquillo, e ci farà plauso. Tu colla tua gente piombi addosso a' pochi soldati, ed io con una palla mando lo scellerato negli abissi.

Odo. Taci: un nuovo demone t' invade, e ti suggerisce sì sconsigliato disegno. Io non mi fido più d'alcuno; solo in me stesso e nel cielo mi confido. Parti, e rammentati, ch' io Rock difendo, e i giorni suoi proteggo.

Enr. Giovanna adunque....

Odo. Più non t'ascolto. (*allontanandosi.*)

Enr. Perirà, sì, l' iniquo Rock.

Odo. (*sulla porta volgendosi con somma gravità*) Insensato, rispetta il supremo giudice. (*parte.*)

Enr. Oh! egli?.... egli difende l' iniquo? Egli che dovrebbe..... No, cuore insensibile, tu non l' amasti mai!

SCENA V.

Effingham ed Enrico.

Eff. Sir Odoardo.... Che? Hamilton è partito?

Enr. (*da se senza fargli attenzione*) (Se l'odio di tutti io divenni colla più vile e la più scellerata azione; di tutti diverrò lo stupore colla più ardita ed onorata impresa.)

Eff. Sir Enrico! — (ei non m' ode.)

Enr. (*forte*) Ho deciso. Giovanna, o sarai salva, o sola tu non morrai. (*parte precipitosamente.*)

Eff. Che odo? quale disperato progetto in se ravvolge quel mostro di viltà e d'ingratitudine? L'opra nostra struggerebbe forse la sua disperazione? Se ne prevenga Sir Hamilton. (*in atto di partire.*)

SCENA VI.

Rock, Harrison con lume. Detto.

Roc. Ebbene, amico, dov' è lo Sceriffo?

Eff. Qui è rimasto tutta la notte a guardia della condannata, e poco fa qui era.

Roc. Cercalo, e mandalo da me.

Eff. Tosto. (*parte.*)

Roc. Non l'avrei creduto. Si bene era teso il laccio, ed Hamilton non vi ha incappato! ne ho dispetto.

Har. Ora ho compreso, perchè avete affrettato il giudizio di Giovanna, ed il motivo per cui, invece della carcere, qui l'avete lasciata.

Roc. Eccellente era il piano, amico. Hamilton fuggiva colla sua bella; voi li arrestavate, ed ambedue cadeano. Quest' uomo è un miserabile egoista, che ama più le sue ricchezze, che la vita della sua amante. Doppiamente io l'odio. Deludere le mie più belle speranze! non so perdonargliela.

Har. Mi diceste che Hamilton ha nelle mani una forte somma di Miledi.

Roc. Che potete riguardare come nostra unitamente a tutta la sua facoltà. Enrico Laud ha impazzito; non ha molto, egli ha maledetto me e il Parlamento.

Har. Fátelo arrestare.

Roc. C'è tempo: colla sua lingua si prepara le catene, e la morte. Ora conviene prima sbrigarci di Miledi.

Har. E persistete....

Roc. Fra un ora.

Har. Sir Rock, non abbiamo, che ventiquattro soldati.

Roc. E il terrore che vale per un armata di ventiquattro mila.

SCENA VII.

Sir Odoardo. Detti.

Odo. Sir Rock.

Roc. Durante la notte io sperava di vedervi.

Odo. Signore, grave incombenza m'avevate addossata; ho scelto questa stanza per invigilare alla custodia del deposito alla mia cura affidato.

Roc. Ah! una porticella? mette nel giardino forse?

Odo. Così credo.

Roc. 'E chiusa. Chi ne ha la chiave?

Odo. Non lo so; non mi sono curato di saperlo.

Roc. Intendo. Avete nulla da dirmi, Sir Hamilton?

Odo. Anzi debbo svelarvi cosa importante.

Roc. Oh bravo! Caro Harrison, compiacetevi di lasciarci soli. (*a Har. sottovoce presto e allegro*) (Il periglio stringe, e l'amante casca in rete.)
(*Harrison in atto di partire.*)

Odo. Restate: ciò che debbo dire, soffre testimonj.

Roc. Sì? (*con sorpresa dando un' occhiata di dispiacenza ad Harrison.*)

Odo. Sir Enrico Laud è stato or ora da me, quando non vi sia già noto.

Roc. Cosa vuole?

Odo. Vi minaccia.

Roc. Cane che abbaja, di rado morde.

Odo. Tiene propositi di rivolta.

Roc. Buono! voi sarete citato per testimonio.

Odo. 'E un uomo pericoloso.

Roc. Ed io niente timido.

Odo. Consiglio di farlo arrestare.

Roc. Non occorre; già non ci può fuggire.

Odo. Come Sceriffo ho fatto il mio dovere, ed a qualunque evento me ne sarà testimonio il Colonnello.

Har. Sir Hamilton dice benissimo: un uomo simile in libertà è pericoloso, e meglio sarebbe....

Roc. Sir Odoardo, avete fatto visita a Miledi?

Odo. Di guardia ci sono i vostri soldati; e non avete bisogno di farmene ricerca.

Roc. Il tempo stringe; se volete prendere da lei l'ultimo congedo?

Odo. A qual fine? La legge l'ha colpita, ed io ne venero i decreti; così m' impone il pubblico mio ministero. Per quello che riguarda le mie private relazioni, esse sono infrante, dacchè la conobbi per traditrice dalle parole di Sir Enrico.

Roc. Bravo Sir Hamilton! Dunque.... mi dovreste capire?

Odo. Comandate.

Roc. Il giorno spunta.

Odo. Ed io vado a fare il mio dovere. (*parte.*)

Roc. (*guardandogli dietro*) Uno minaccia, e l'altro dà avvisi! De' due non so chi sia il più pericoloso.

Har. Differite l'esecuzione, aspettate, che giunga il reggimento.

Roc. Il reggimento giungerà per vederne delle altre. Andiamo a compiere la prima.

Har. Sir Rock.....

Roc. Colonnello, il tamburo.

Har. Bene, come volete. (*indispettito parte.*)

Roc. Non voglio mostrar timore. Ridicole sono le minaccie d'Enrico; non le pavento, perchè sono pubbliche: ma il sangue freddo d'Hamilton.... (*odesi a battere il tamburo.*) Ecco il segnale. Riflessioni a parte. Ostentiamo sicurezza e tranquillità. (*parte.*)

SCENA VIII.

Rappresenta il teatro una vasta piazza, circondata lateralmente da gotici edificj. Sul fondo il porto con vista di varj bastimenti; in lontano alto mare. Nel mezzo della piazza un palco addobbato di nero con un ceppo: vi si ascende per due gradinate laterali. A destra una tribuna con tappeto rosso, ed un cadregone d'appoggio all'antica, pure ricoperto di veluto cremesi.

All'alzarsi del sipario otto soldati sono distribuiti all'intorno del palco. Spettatori d'ogni età e sesso a' balconi, e sulla piazza medesima. Godwin alla sinistra co' suoi marinaj, poi Sir Enrico, e Valton.

God. (*a' marinaj*) Con ordine, e indifferenza andate ad appostarvi, come v'ho detto. Lo sguardo al padrone, ed al segnale convenuto; coraggio e risolutezza. Non si versi sangue, che in estrema necessità. Andate.

(i marinaj a poco a poco si vanno distribuendo in modo che due di loro s' appostano dietro a cadaun soldato: altri otto s' avvicinano alla tribuna.)

Enr. *(avvolto in un mantello esce, dà uno sguardo al palco, ed alla tribuna, sospira, e passa, celandosi dietro al palco.)*

Val. *(ugualmente avvolto in un mantello esce poco dopo, si ferma a guardare Enrico nell' atto che questi si ritira; egli guarda intorno, e s' accosta a Godwin.)* Capitano.

God. Chi siete?

Val. *(scoprendosi alcun poco)* Un amico.

God. Valton! giungete opportuno.

Val. M' è sembrato di scorgere Enrico Laud.

God. Non vorrei, che questo disperato precipitasse ogni nostro disegno.

Val. Attenzione a lui: ad ogni evento una palla di piombo presto lo raggiunge. 'E tutto disposto?

God. Il segnale, e in un batter d' occhio siamo alla barca che ci attende con altri armati alla riva; remi all' acqua, in nave, si taglia la gomena, si sciolgono le vele, e col vento che ci favorisce, in meno d' un ora siamo al largo, e sicuri.

Val. Al nostro posto.

(Godwin a destra, e Valton a sinistra del palco.)

SCENA IX.

Marcia lugubre d' un solo tamburo. Precede un uomo in lunga zimarra rossa che porta una larga e splendente mannaja; indi Rock con Harrison, dietro loro Effingham, Fink, Dark, Curl, e Leib. Dopo di tutti Sir Odoardo.

Roc. (*giunto nel mezzo della Scena, dopo aver mirato intorno, e veduto che tutti gli spettatori s' inchinano a lui, lo che specialmente dee eseguirsi da Godwin, da Valton, e da' Marinaj, si rivolge ad Harrison, e con aria di compiacenza gli dice sottovoce.*) Harrison, vedete voi, come atterriti tutti s' inchinano? Lo splendore di questo ferro, che mi precede, mette più soggezione, che due mila de' vostri fucili.

Har. Signore, la danza non è ancora finita.

Roc. Andiamo in orchestra, e facciamo fare il primo ballo. (*Rock monta sulla tribuna con Harrison, e l' uomo che porta la mannaja, si mette dietro loro.*)

Odo. (*si avanza, e franco ascende la tribuna.*)

Roc. Che? voi qui?

Odo. Io sono sempre, dove mi chiama il mio dovere.

Roc. (*ironicamente*) In vero non vi avrei creduto così eroico!

Odo. Conoscendomi meglio, forse mi ammirerete.

SCENA X. E ULTIMA.

L' Usciere con un bastone bianco in mano, indi Giovanna vestita di bianco, accompagnata da due de' suoi domestici vestiti di nero, e scor-

tata da quattro soldati, preceduti dal tamburo che batte una tetra marcia. Giunta Giovanna appiedi del palco, i quattro soldati si ritirano sotto la tribuna, e tosto con arte ci si avvicinano i marinaj. Frattanto di sotto dal palco, esce il Carnefice che vi monta sopra.

Har. Giovanna Laud, come rea d'alto tradimento tu sei condannata a morte: hai tu nessuna preghiera da fare a' tuoi giudici?

Gio. A' giudici terreni nulla mi resta a dire; a te, giudice celeste (*inginocchiandosi*) mi rivolgo, e il tuo perdono imploro.

Har. Resta adunque abbandonata al tuo destino. Ministro di giustizia, compisci il tuo dovere.

(*Frattanto Giovanna è salita sul palco, sostenuta da' due suoi domestici, che le baciano la mano. Nell'atto che dessa va per inginocchiarsi.*)

Enr. (*furioso si slancia fuori, e grida*) Arresta, tiranno.

Roc. Soldati, uccidete quel forsennato.

Odo. Amici, salvate l'innocenza. (*getta un fazzoletto bianco per aria, precipitoso scende dalla tribuna, e corre sul palco.*)

Roc. Tradimento. (*in atto di scendere.*)

Enr. Ecco il tuo premio.

(*scaricando una pistola contro Rock.*)

Roc. Ah! (*cadendo morto.*)

(*Nel momento che Sir Odoardo grida, e caccia il fazzoletto per aria, i Marinaj afferrano i Soldati, e li disarmano; quelli che hanno preso il fucile, attorniano il palco; tenendo l'arma appostata contro il po-*

polo; gli altri tengono in dovere i soldati con una pistola al petto. Godwin si slancia dietro a Sir Odoardo, e si mette a capo d'una scala con due pistole rivolte contro gli spettatori; lo stesso fa dall' altra parte Valton. I due domestici che accomgnavano Giovanna, e che erano in atto di scendere, al segnale si rivolgono, e atterrano il carnefice. L'uomo dalla mannaja la getta e si nasconde. Harrison spaventato sbalza dalla tribuna e fugge. I Giurati si uniscono in un gruppo. Enrico resta in attitudine di difesa con un' altra pistola. Tutta quest' azione dev' essere eseguita rapidamente, e con precisione.)

Odo. Mia Giovanna!

Gio. Odoardo!

Odo. Amici, Concittadini, non fate resistenza; noi siamo risoluti di morire. (*scende con Giovanna e cogli altri*) Con me, compagni.

Enr. Perdono! (*a' piedi di Giovanna.*)

Odo. Tu ci seguirai.

God. In nave. (*i Marinaj fanno due ale colle armi in difesa.*)

Odo. Addio, diletta patria.

Gio. Possa io rivederti felice!....

Odo. Scevra dal furore delle fazioni.

Gio. Miei concittadini, addio.

Tutti. Addio. (*in atto d'avviarsi al porto, cala il sipario.*)

Fine della commedia.

DA BURLA O DA VERO?

COMMEDIA IN TRE ATTI

DI

FILIPPO CASARI.

LIBERA TRADUZIONE.

TRIESTE
DAGLI EREDI COLETTI
MDCCCXXIV.
(*A spese dell' Autore.*)

PERSONAGGI.

IL COLONNELLO, Barone di Funkenberg.
AGNESE, sua figlia.
IL MAGGIORE.
Il Conte DRULLING, } Capitani.
MERKEN, }
LEIBER, Tenente.
VALLEN, Alfiere.
SOLLER, Ajutante.
BRUMMEN, vecchio Caporale.
MARTA, Cameriera.
Varj Uffiziali.

La Scena è in una Città provinciale della Svezia nell' abitazione del Colonnello.

La Commedia tedesca di pari titolo è del signor Ziegler; e fu da me liberamente tradotta nel 1818, *non facendovi notabili cangiamenti, e mandata alla comica Compagnia Fabbrichesi in Napoli, dove ottenne favorevole suffragio da quel colto Pubblico, che suole frequentare il teatro de' Fiorentini, ammirarne i bravi Attori, e con sano e giusto criterio discernere il merito delle rappresentazioni. È pure posseduta dalle altre Compagnie, che oggimai l' hanno divulgata per tutti i teatri d' Italia.*

ATTO PRIMO.

Sala nobile con quattro porte laterali. Le due inferiori conducono nelle camere del Colonnello a destra, e della figlia a sinistra. Le altre due, quella a sinistra serve d'ingresso nella sala, e quella a destra corrisponde ad altre camere: essa ha davanti un paravento. Due tavolini, e varie sedie.

SCENA I.

Marta e Drulling.

Mar. (rivolta verso il paravento) Entrate senza soggezione, signor Conte: siamo sicuri. Il Colonnello non esce dalle sue stanze così di buon ora.

Dru. (con soprabito, e cappello rotondo s'avanza) Se mi sorprendesse....

Mar. Andrebbe alla peggio per me, quando sapesse, che v'ho fatto entrare in casa di nascosto per la scala segreta. Voi vedete, che sono arrischievole più di voi.

Dru. Cara Marta, saprò esservi riconoscente.

Mar. Mi guardi il cielo, che faccia questo per interesse! Piuttosto..... se mai alle volte vi capitasse a buon mercato degli smanigli..... di quelli d'oro alla veneziana: fate il piacere di comprarmeli, che ve li pagherò subito.

Dru. Ben volentieri: domani sarete servita.

Mar. Oh! non c'è questa premura; fa lo stesso anche dopodomani.

Dru. Ditemi: la vostra padroncina è consapevole della mia venuta?

Mar. Uh! nè anche per sogno. Una ragazza ben educata non deè sapere cose simili in anticipazione; si sa bene, che, quando sono accadute, non le fanno dispiacere.

Dru. Mi ama dunque Agnese?

Mar. Questa è una domanda da ragazzo, signor Conte. Solamente col Colonnello....

Dru. Di lui appunto io temo.

Mar. Anzi non dovete temerlo affatto, nè come Colonnello, nè come suocero. S'egli grida e bestemmia; e voi urlate e bestemmiate più di lui; questo è il suo gusto. Se sapeste, quante volte gliel' ho fatta tenere, adoprando simile ricetta?

Dru. Voi potete farlo; ma io....

Mar. 'E tutt' uno. Sapete, da chi dovete guardarvi? Dal vecchio Brummen, che, se fa tanto di scoprire qualche cosa, per noi è finita. Vado a chiamare Madamigella, che è in camera della zia ammalata. Mettetevi dietro al paravento, e non venite, se non vi chiamo.

(*entra a sinistra.*)

Dru. Ah! ho azzardato troppo! non vorrei, che finisse male.

SCENA II.

Nell' atto che Drulling entra dietro al paravento, Brummen mette fuori il capo dalla porta d' ingresso.

Bru. (*sottovoce da se*) Ah ah! la sentinella non s' è ingannata. L' amico è qui! stacci pure, che di trappola non mi fuggi. (*si ritira.*)

SCENA III.

Marta e Agnese. Drulling e Brummen nascosti.

Mar. Venite qui, che la zia non può sentirci.

Agn. E così, c'era il Conte al solito luogo? non hai sue lettere?

Mar. Il povero Conte, signora, è ammalato.

Agn. Oh cielo! ammalato tu dici? ah! parla, toglimi di pena: è egli ammalato assai?

Mar. Assai, assai ammalato, moribondo.... d'amore per voi.

Agn. Oh! se va per questo, nè pur io sono sana.

Mar. Dunque, essendo pari la malattia, gli ammalati, senza tema di contagio, possono unirsi, e consolarsi a vicenda. (*andando verso il paravento*) Favorite.

Agn. Oh! (*con sorpresa, vedendo Drulling.*)

Mar. Niente, una corta visita di contrabbando. Vado dalla zia. Eh, dico: giudizio, poche parole, e via per dove siete venuto. (*parte.*)

Dru. Madamigella, posso sperare il vostro perdono?

Agn. Troppo avete osato, signor Conte. Per il piacere di vedermi alcuni momenti, esponete la mia riputaziono.

Dru. Conosco il mio fallo che minore è certo dell' amor mio, e della vostra bontà. Sono tre giorni, Agnese, che non ho il bene di consolarmi ne' vostri sguardi. Ecco il motivo che m'ha reso ardito: mi perdonate?

Agn. Sì, con patto, che partiate subito.

Dru. Ebbene.... obbedirò. (*le dà un mazzo di fiori che aveva avvolto nel fazzoletto bianco, e lentamente s' incammina.*)

Agn. (*con dolcezza*) Conte, partite?
Dru. Il vostro comando....
Agn. Avete troppa subordinazione.
Dru. Mia cara, mia adorata Agnese!
(*gettandosi con trasporto a' di lei piedi.*)
Agn. Alzatevi.
Bru. (*frattanto passa, e si cela dietro il paravento.*)
Dru. Mi volete bene?
Agn. (*gli dà la mano, e lo guarda con tenerezza*) No.
Dru. (*baciandole la mano, e alzandosi*) Questo no è più espressivo di mille sì. Dite: posso far noto al Colonnello....
Agn. No per amor del cielo! voi guastereste tutto. Bisogna, che prima io studj di rendere a poco a poco mio padre più propenso per voi; giacchè, per dirvi il vero, non gli piacete troppo. Quell' essere stato trasferito nel suo reggimento per favore del Principe, tanto è stato gradito da me, quanto di mal occhio è stato da lui veduto. Giorni sono mi diceva: Drulling è il solo uffiziale del mio reggimento, che non ha sentito ancora l' odore della polvere; e mio padre conta molto quest' odore.
Dru. Io sono pontuale nel mio servigio.
Agn. Verso di me, o verso il reggimento?
Dru. Parmi, che la mia compagnia si distingua, e sia la migliore.
Agn. La strapazzate anche un pò troppo quella povera compagnia. Dalle quattro della mattina fino alle nove sempre col fucile in spalla! se fate lo stesso con me, mi seppellite in due settimane.

Dru. Il Colonnello è rigoroso, ma giusto: vedrà il mio zelo.

Agn. Egli non vede niente; voi non gli piacete neppure la metà di quello che piacete a me. Desidera, che mi sposi a un militare; ma, per ora almeno, non è disposto in vostro favore. Capitano, in questo biglietto ho scritto il metodo da tenersi per ottenere l'intento. Vi prego di partire.

Dru. Col vostro perdono?

Agn. Purchè mai più v' azzardiate di venire in questo modo che compromette l'onor mio.

Dru. M' è legge il vostro volere. *(le bacia la mano.)*

Agn. Addio. Guardate, che nell' uscire non vi vegga il vecchio Brummen. *(partendo)* Alle tre dopo il pranzo sarò al balcone.

Dru. Una sola parola, Agnese: mi amate voi?

Agn. No, ve l' ho già detto: solo desidero d' esservi sposa, se v' acconsente il padre. A rivederci, Conte. *(entra e chiude.)*

Dru. Ah! quanto sono felice! Almeno mi riuscisse d' uscire senza essere veduto da quell' importuno vecchio.... *(con quest' ultime parole si trova presso il paravento.)*

Bru. *(balzandogli incontro)* Alto là. Chi siete? cosa volete? che fate voi qui?

Dru. (Fatale contrattempo!) E quale diritto hai tu d' interrogarmi?

Bru. Sono di sentinella, ho i miei ordini dal Colonnello; e perciò posso domandare, e voler sapere; e voi dovete subito rispondermi.

Dru. Brummen, pensa, che parli con un uffiziale.

Bru. Io non conosco cappelli tondi; e poi io non appartengo a nessun corpo, ho il mio congedo, e non sono tenuto a subordinazione, che a chi mi dà da mangiare. Animo, con me.

Dru. *(respingendolo)* Miserabile, scostati.

Bru. Che? respingermi? perdermi il rispetto?

Dru. Tu vuoi impicciarti in cose che non ti appartengono.

Bru. Non mi appartengono? E non sapete voi, che io sono il comandante del corpo di guardia; e che il signor Colonnello a me ha affidato quanto ha di buono e di caro nella sua casa? Per colpa vostra non voglio, che il disonore ridondi su di me. Seguitemi, o chiamo gente.

Dru. Caro Brummen, siate ragionevole. Mi trovo qui, perchè amo Madamigella, che dev' essere mia moglie.

Bru. Non me ne importa.

Dru. Aveva da parlare con lei.

Bru. Gli innamorati sono tutti ciarloni; parlano perfino da se soli, come i pazzi e gli ubbriachi: ma di tutto questo a me non importa un zero. Animo, con me.

Dru. Un momento. Ecco la mia ripetizione d' oro; poi vieni a casa mia, e ci saranno venti bei zecchini. Tutto questo te lo regalo, se taci, e non mi tradisci.

Bru. A me? corpo de' baloardi, che è bella! *(la fa suonare)* Come suona forte! Ma il mio onore suona ancora più forte. Tenetevi la vostra ripetizione, e i vostri zecchini. Sono povero, ma voglio restar povero e onorato. Se io la tenessi, ogni volta che sentissi il suo tiche tiche nel borsellino; il cuore per vergogna mi farebbe toche toche nel petto. Mi stupisco, che un Cavaliere pari vostro, getti il suo per tentare di sedurre e rendere disonorato e infedele un onesto e leale servitore. A voi la vostra ripetizione.

Dru. Bravo Brummen! fa il tuo dovere, e svela ogni cosa al Colonnello. La ripetizione è tua: ti rammenti essa mai sempre la tua onoratezza, e possa farti dimenticare il mio torto. Addio, camerata. *(parte.)*

Bru. *(incantato)* Mi lascia la ripetizione? Se la ritengo, resto galantuomo, o birbante? Brummen, bisogna, che tu faccia decidere al Colonnello. Che bella cosa, se decidesse, che resto galantuomo! Mi farebbe il gran piacere di sentire alla notte il suo tiche tiche sotto il capezzale. Presto, andiamo dal giudice.

SCENA IV.

Il Colonnello. Detto.

Col. *(apre la porta, ed esce)* Buon giorno, caporale.

Bru. *(mettendosi in positura militare)* Mio Colonnello.

Col. Qualche rapporto forse?

Bru. Grande, lungo, e importante.

Col. Dunque prima la colazione.

Bru. Ben pensato. La bile non vuole stomaco vuoto. *(parte.)*

Col. La bile! sicchè egli ha da raccontarmi cose che debbono farmi andare in collera? Mi dispiace, perchè oggi mi sono alzato di buon umore, e m' era proposto di stare allegro.

SCENA V.

Brummen con pane e un bicchiere sopra un piatto, ed una bottiglia di vino. Detto.

Bru. La colazione.

(mettendo il tutto sopra un tavolino.)

Col. *(andando a sedere)* 'E presto fatta.

(mesce il vino, mangia un boccone di pane, e poi bee.)

Bru. Corta, ma rinforzante: all' usanza de' nostri bravi vecchj, ognuno de' quali valeva mezza dozzina de' nostri delicati damerini.

Col. Sono con te. Rapporto.

Bru. Confusione nel quartier generale di Madamigella. Jeri il Capitano Drulling ha pattugliato tutto il giorno sù e giù davanti alla casa, e le povere sentinelle.... presentir ogni volta; e duro il Capitano! Non s'è mai levato il cappello, perchè non aveva occhi da vedere, che le finestre della signorina.

Col. Era mia figlia al balcone?

Bru. Tra le tre e le quattro diede fuori la sua occhiatina.

Col. E il Capitano?

Bru. Tre volte guardò con languidezza, ed una con mestizia, perchè si serrò il balcone. Da quel momento venne al Capitano il sangue dal naso.

Col. Come?

Bru. Si tenne sempre il fazzoletto così.... *(facendo l'atto di tenere un fazzoletto al naso.)*

Col. Sciocco! il fazzoletto è una bandiera d'amore, che serve per far segnali.

Bru. Sarà: sotto questa bandiera non ho mai militato.

Col. Dunque il Capitano tutti i giorni s' aggira intorno alla nostra fortezza?

Bru. Altro che aggirarsi; s' è già introdotto nelle fortificazioni.

Col. Perchè non opporti al passaggio?

Bru. Domando scusa: la fortezza non ha fatto resistenza, anzi ha aperto la porta del soccorso al nemico. Non è già entrato a tamburo battente, e a bandiera spiegata; ma aveva intelligenza nell' interno. Marta ha fatto la mina, e Madamigella ha somministrato *(facendo l' atto di baciare la mano)* abbondante provianda.

Col. Vecchia strega, t' acconcerò io come va.

Bru. Fuori della fortezza per mano del profosso. Ella, un quarto d' ora fa, ha scortato qui il Capitano. Fui avvisato dalla sentinella, e là dietro a quel paravento ho veduto e sentito tutto.

Col. Cos' hai veduto e sentito?

Bru. Perdonate, mi vergogno. Capisco, che Madamigella non ne ha colpa, e che non poteva impedirlo; ma un uffiziale.... non gliela so perdonare.

Col. Che? si sarebbe egli comportato malamente?

Bru. Al parer mio....

Col. Più chiaro.

Bru. Ecco. Madamigella, potete figurarvelo, mostrava di non volere; ma si conosceva, che aderiva, perchè tratto tratto gli faceva il bocchino ridente. Vergogna per altro di vedere un Capitano di granatieri, inginocchiato a' piedi d' una donna. È vero, che è vostra figlia; ma pure sempre una donna.

Col. Eh! sciocchezze! Avanti.

Bru. Il Capitano ha fatto, ora mezzo giro a dritta,

ora mezzo giro a sinistra secondo che Madamigella comandava; in fine in premio della sua subordinazione ella gli ha dato la mano, e questo dev' esser stato di piacere del Capitano, perchè durante il parlamento l' ha baciata quattro o cinque volte. Poi egli diede un mazzetto di fiori a Madamigella, e Madamigella a lui un bigliettino amoroso: indi paroline, guardatine, sospirini; e via Madamigella in caserma.

Col. (*s' alza, e passeggia brontolando.*)

Bru. Avete a comandare qualche manovra?

Col. Troppo tardi: adesso non c' è altro, che calare il ponte, aprire le porte, accettare il nemico in guarnigione, ed esaminarlo per conoscerlo. E successo null' altro?

Bru. Una piccola scaramuccia tra me e il Capitano. Partita la signorina, egli voleva ritirarsi per una strada coperta; ma io gli tagliai cammino. Da principio fece il bravo, mostrò i denti, e perfino giunse a mettermi le mani addosso.

Col. Che! ha osato....

Bru. Ma io gl' ho piantato nello stomaco la bajonetta del mio dovere, che gli fece calar le ali. Propose una capitolazione: venti zecchini, e questa ripetizione, se avessi condisceso a tacere. Guardate: è d' oro, fa tiche tiche, e suona che è una meraviglia. Confesso, che per un momento sentii la tentazione, perchè venti zecchini, e una ripetizione d' oro sono il gran scongiuro; ma il momento passò, vinse il dovere, e nella stizza che mi prese, diedi una buona lavata di capo al signor Capitano.

Col. Ed egli?

Bru. Signor Colonnello, il Capitano è un bravo uomo; perchè mi diede ragione, mi lasciò la ripetizione, e partì, dicendomi: fa il tuo dovere, racconta tutto al signor Colonnello, e tienti quest' oriuolo come memoria della tua onoratezza, e perchè possa farti dimenticare il mio torto.

Col. *(come approvando la condotta del Capitano)* Bene! bene!

Bru. Ho fatto bene a ritenerla?

Col. *(come sopra)* Sì — non c'è che dire — benissimo.

Bru. Ne ho ben piacere. Venderò il mio vecchio scaldaletto, che ora va innanzi una settimana, ed ora s'addormenta per più mesi. Con questa potrò almeno sapere che ora è anche all' oscuro.

Col. *(dopo aver pensato)* Metti quì su questo tavolino quella ripetizione.

Bru. Oh! *(mortificato va a metterla)* Eccola. (Addio ripetizione: rimango collo scaldaletto.)

Col. *(passeggiando)* Farò così.

Bru. Comandate altro?

Col. *(astratto)* Nessuna novità?

Bru. Jeri sera il caporale della prima compagnia ha mancato di subordinazione, mettendo le mani addosso al suo sergente.

Col. Novità interne io domando. Hai provato il nuovo cocchiere?

Bru. Gl' ho fatto bere, ciarlando, un buon boccale e mezzo, ed è rimasto fresco come prima.

Col. Fagliene bere tre o quattro, e del migliore; se resta in cervello, l' uomo fa per me, e lo prendo al mio servigio. Dirai all' ajutante, che prima della parata mandi da me il Capitano Drulling. Chiama mia figlia.

Bru. (*alla militare si volge, marcia ed entra a sinistra.*

Col. Bravo signor Contino! Avete saputo fare de' progressi presso mia figlia; ma questo è lo stesso che niente.

SCENA VI.

Brummen. Detto.

Bru. Madamigella ha ricevuto l'ordine, e viene. (*parte.*)

Col. Bisogna, che questo signorino passi la rassegna, prima d'arrivare al possesso della fortezza. Voglio vedere, esaminare, come stiamo a cuore, e a onore. (*siede*) Senza una buona dose di questo, e senza una porzione di sangue lionino in quello, Capitano mio, non ne facciamo nulla. Chi è là?

SCENA VII.

Agnese. Detto.

Agn. Una giovane di buon umore. (*gli bacia la mano.*)

Col. Molto sollecita a venire?

Agn. Quando avete la bontà di farmi chiamare, il mio cuore subito comanda Marsch! Marsch! e via le gambe che trottano.

Col. Ma questo cuore comanda mai alle tue gambe di far alto?

Agn. Padre mio, il cuore d'una ragazza....

Col. 'E un imbroglio che non si capisce, non è vero?

Agn. Per l'appunto, e a un imbroglio chi ha da comandare?

Col. La ragione, figliuola mia, la ragione.

Agn. La ragione, pappà mio, è una dottoressa incòmoda che brontola sempre; dacchè gli uomini hanno voluto arrogarsela tutta per loro, a noi altre donne è caduta in disgrazia. Io non la consulto, che negli affari della toaletta.

Col. 'E dessa, che t'ha consigliata di metterti que' fiori?

Agn. In verità che su questo non l'ho interrogata. Ma con queste vostre domande m'avete fatto dimenticare di chiedervi, come avete dormito.

Col. Bene. La scorsa domenica con chi hai ballato? C'erano molti uffiziali del mio reggimento?

Agn. Quasi tutti.

Col. Anche il Capitano Drulling?

Agn. Ci s'intende: dove sono io, egli nón manca.

Col. Balla bene?

Agn. Non si domanda neppure! io lo stimo, cioè tutti lo stimano per un giovine garbato e gentile.

Col. Oh sì, ha molto mondo.

Agn. E molti buoni costumi, che valgono più del molto mondo.

Col. Questa è una riflessione, che non può farsi che coll'ajuto della vecchia dottoressa?

Agn. Oh! riguardo al Capitano Drulling io sono tutta ragione.

Col. Come sarebbe a dire?

Agn. Se mi prometteste di non farne parola a nessuno, vi farei una gran confidenza.

Col. E sarebbe?

Agn. Che a Drulling voglio tanto tanto bene.

Col. Ed io ti do parola di tenere il tuo segreto, quando tu mi faccia un' altra promessa.

Agn. Quale?

Col. Di non dir mai a Drulling, che gli vuoi tanto tanto bene.

Agn. Non posso, pappà.

Col. Perchè?

Agn. Perchè lo sa.

Col. Glielo avresti tu detto?

Agn. No, ma in maniera decente gliel' ho fatto conoscere.

Col. Dunque siamo avanti molto?

Agn. Non più del dovere. Voi m' avete dato licenza di potermi innamorare, ed io me ne sono approfittata; ora assoggetto la mia scelta alla paterna approvazione.

Col. E sei tu ben certa, che quello che senti per Drulling, sia amore, ma amor vero?

Agn. Non saprei.... so bene, ch' egli è il solo uomo, con cui io possa essere felice.

Col. Questo è in quanto a te; ma in quanto a me fa d' uopo, che ponga quest' uomo alla prova, e che lo esamini ben bene.

Agn. Se potessi imprestarvi i miei occhi per far questo esame, lo trovereste per il più bravo, e per il più amabile di tutta la terra.

Col. 'E un pezzo, che è cominciata questa storiella?

Agn. Tre anni per parte sua, due mesi e ventisette giorni per parte mia. Questo è il motivo, che s' è fatto traslocare nel vostro reggimento.

Col. Chi lo dice?

Agn. Egli stesso.

Col. Gl' innamorati non sono troppo scrupolosi in materia di verità.

Agn. Caro pappà, fatelo presto mio sposo; non mi piace andar per le lunghe.

Col. Oh! oh! hai il fuoco indosso? Chi è consapevole di questo affare?

Agn. Marta, e nessun altro.

Col. Dove vi siete veduti?

Agn. Solamente in conversazione, al teatro, e due volte al giorno dalla finestra.

Col. Dunque per la prima volta è stato qui stamane a portarti i fiori?

Agn. Oh! — è propriamente una cosa curiosa; non si può far nulla, che subito non lo sappiate.

Col. So anche, che gli hai dato un biglietto.

Agn. In verità è stato il primo.

Col. Cosa gli hai scritto?

Agn. Tante belle cose del mio caro padre.

Col. Grazie.

Agn. Che siete buono ed affettuoso, e che mai mi obbligherete a dar la mano di sposa ad un uomo che non sia di mio genio.

Col. Dovevi anche aggiungere, ch' io non mi lascierò mai indurre ad accettare per mio genero un uomo, che qui (*additandosi il cuore*) non abbia coraggio. Che altro gli hai detto?

Agn. Così.... delle altre cose.... che sono inquieta, che non ho appetito....

Col. E da lui hai ricevuto molte lettere?

Agn. Poche.

Col. Quante?

Agn. Cento e sedici.

Col. In due mesi e ventisette giorni? (*alzandosi.*)

Agn. Sì: vi pajono troppe?

Col. Saranno biglietti di poche righe.

Agn. Perdonate: ce ne sono di due, di tre, e fino di

quattro facciate. Se voleste darvi il disturbo di leggerle, vedreste come scrive bene! che belle espressioni! che sentimenti virtuosi! Fatemi il piacere, leggetele.

Col. Sicuramente che voglio leggerle: va a prenderle.

Agn. Subito. *(allegramente incamminasi, poi ritorna)* Mio caro, mio buon padre! cosa debbo sperare?

Col. Se qui *(additando come sopra il cuore)* stiamo male, niente; se stiamo bene, tutto.

Agn. Dunque va bene, e tutto è fatto. Scommetto io, che leggendo le sue lettere v' innamorate tanto di lui, quanto egli è innamorato di me.
(per partire.)

Col. Aspetta. Figlia, onore e virtù: in nome loro dammi parola, di non fare il più piccolo cenno al Capitano, che da questo istante io imprendo l' esame della sua condotta, e a far spiare ogni suo andamento.

Agn. Davvero.... esigete un pò troppo! ma.... si.... ve lo prometto, perchè so di potermi affidare alla onoratezza ed al valore del Conte. Ne sono tanto certa, che fino da quest' oggi voglio cominciare a fare il disegno per ricamarmi un abito da sposa. *(parte.)*

Col. Come diventa brava una ragazza innamorata per trovare il modo d' ottenere un sì? Vedo bene, ch' ella lo ama; ma circa all' amore di lui, ho le mie ragioni per dubitarne, perchè egli è d' una famiglia nobile, ma povera, e Agnese è ricca. In ogni modo se non ha un cuore, come vogl' io, e di questo non ho prova alcuna; amico Drulling, voi non fate per me. Da qualche tempo siete trascurato nel vostro dovere, e con tutto che sia il tenero ed ottimo padre, questo non impedirà, che alla prima occasione il Colonnello non vi dia una raschiata di capo, che vi levi la pelle.

SCENA VIII.

Brummen. Detto.

Bru. (*sulla porta*) Il signor Capitano Drulling.

Col. (*facendo cenno a Brummen d'avvicinarsi.*) Eh! (*poi sottovoce*) Come stiamo?
(*accennando il volto.*)

Bru. Uh! annuvolato! muso da consiglio di guerra.

Col. La colpa, Brummen.

Bru. La paura, signor Colonnello.

Col. (*con voce alta*) Venga il Capitano.
(*si cinge la spada al fianco.*)

Bru. Vado. (*parte.*)

SCENA IX.

Drulling in uniforme. Detto.

Dru. Signor Colonnello, sono a' di lei comandi.

Col. (*passeggia senza volgersi a Drulling con faccia severa.*)
V'aspettate forse, che venga io in persona a recarveli?
(*dopo una breve pausa all'improvviso va contro il Capitano, si ferma a guardarlo, dimenando il capo.*)

Dru. (*tenta d'alzar gl'occhi, ma incontrandosi sempre con quelli del Colonnello li abbassa.*)

Col. (*allontanandosi*) (Hm! poco spirito, poca prontezza.)

Dru. (Io sono in un' angoscia mortale.)

Col. (*burbero*) E così non sa parlare il signor Capitano?

Dru. Sopra che comanda il signor Colonnello, che parli?

Col. Sopra quello che volete. (*con forza*) Sù, via, parlate.

Dru. (*confuso*) Oggi.... fa cattivo tempo.

Col. (*indifferente*) Ho guardato il barometro, e avremo di certo un temporale.

Dru. Così credo anch' io.

Col. (*torna a guardarlo, e poi passeggia.*) (Nulla, assolutamente nulla di coraggio.)

Dru. (Egli è informato di tutto.)

Col. Che ora abbiamo, Capitano?

Dru. (*mette la mano per levare l' oriuolo, e si turba*) Non ho meco l' oriuolo.

Col. Ce n' è uno sulla tavola; guardateci.

Dru. (*s' accosta, vede la sua ripetizione, e più si confonde*) Quasi le nove.

Col. Non va bene. (*guarda il suo*) Le nove sono passate.

Dru. (*prende la ripetizione, e l' accosta all' orecchio*) È ferma: oggi ho dimenticato....

Col. Che dimenticato?

Dru. Di caricarla: (*la carica.*)

Col. E da quando in quà siete diventato il caricatore de' miei oriuoli?

Dru. Domando scusa: io non carico che i miei. — Questa ripetizione è mia...... cioè, non è più mia, perchè un' ora fa l' ho regalata al bravo e fedele Brummen. (*la rimette sulla tavola.*)

Col. E la ragione?

Dru. Per l' incorruttibile sua fedeltà, per il sincero

attaccamento, che ha questo vecchio militare per il signor Colonnello; in una parola, io debbo accusare me stesso, e perciò chiedo benigno ascolto.

Col. Parlate.

Dru. Oso premettere, che non al signor Colonnello io chiedo questo favore, ma al rispettabile genitore della virtuosa e amabile Madamigella Agnese.

Col. (*cambiandosi a un tratto in affabile e cortese*) Che ha a comandarmi il signor Conte? (*avanzandogli una sedia*) Accomodatevi.

Dru. Signor Colonnello....

Col. Stiamo ne' termini: ora parlate al Barone padre.

Dru. La vostra presente bontà mi confondo ancora più, che la serietà vostra antecedente.

Col. Ma come debbo fare per non confondervi? — (*con bontà*) Via, fatevi coraggio, e parlate. (*seggono.*)

Dru. Signore, io non trovo espressioni per ispiegare il mio cuore. Questo decisivo momento pronunziar dee la felicità della mia esistenza, e mille diversi affetti a un tempo si svegliano nel mio seno, si combattono, e mi rapiscono e coraggio e quiete.

Col. Oh!, così, alla fine ci siamo incamminati: andiamo avanti.

Dru. Signor Barone, io ho osato offendervi.

Col. L'affare è accomodabile: ci dimenticheremo il nostro grado, e ci ammazzeremo. Sentiamo in che m' avete offeso?

Dru. Io amo vostra figlia.

Col. Fin qui per un padre non c' è offesa.

Dru. E l'amo da tre anni.

Col. Tre anni d'amore, e dura? al giorno d'oggi questa è una specie di prodigio che fa onore.

Dru. Non l'amo solo, l'adoro.

Col. Dunque amore cavalleresco all'antica?

Dru. Figlio è l'amor mio di quella stima, che le virtù d'Agnese risvegliano in ogni cuore sensibile. Quando ella partì dalla capitale, da me s'involò felicità, pace e contentezza. Rivederla mi fu forza, ovvero morire; e, benchè incerta fosse la speranza d'essere corrisposto, pure tanto sollecitai, finchè col favore del Principe ottenni d'essere traslocato in questo reggimento. Io amo Agnese, come donna non fu giammai amata in questo mondo. Per lei sola io vivo, e senza di lei un nulla è agl'occhi miei questa esistenza, che, se eterna esser potesse, eterno seco lei sarebbe l'amor mio per Agnese.

Col. Ho capito: io debbo dunque dire tutte queste belle cose a mia figlia? *(si alza.)*

Dru. Domando scusa, essa le sa.

Col. Io le so adesso, ed ecco che tutti tre sappiamo, in quanti piedi d'acqua ci troviamo.

Dru. Non comprendo: dal canto mio non saprei....

Col. Mi spiego subito. Che voi siate innamorato di mia figlia, la cosa è chiara; ma che ne abbiate stima, non pare, perchè di nascosto e travestito non vi sareste introdotto da lei.

Dru. Signor Colonnello, giuro sull'onor mio, che mai ho pensato a sì temerario passo; nell'atto medesimo d'eseguirlo, io era incerto, titubante, restio; amore mi pose la sua benda fatale agl'occhi, e come afferrato pei capelli....

Col. Male, Capitano, male: un Uffiziale non si lascia prendere pei capelli. Ma c'è ancora di più. Due volte al giorno voi siete costantemente di pattuglia sotto a' balconi della mia casa; fate il giuoco della bandiera bianca, e questo non dimostra molta delicatezza per l'onore di mia figlia. Per altro siccome, dacchè sono al mondo, ho veduto, che poco più, poco meno tutti gl' innamorati fanno le stesse pazzie; così vi perdono.

Dru. Ah! tanta bontà mi ridona la vita.

Col. Siete d'una famiglia nobile, nè di voi, come privato, nulla ho udito che vi faccia torto. Per evitare adunque di farvi prendere pei capelli, io vi permetto che di quando in quando presso mia sorella vediate Agnese, cui paleserò il voler mio. Brummen.

SCENA X.

Brummen. Detti.

Bru. Eccomi.

Col. Guarda un pò, che fa mia figlia, e dille, se vuol portarmi quelle lettere si o no?

(Brummen parte.)

Dru. Uomo rispettabile, io sono così sorpreso, e confuso da tanta generosa bontà, che non trovo accenti, per esprimere la mia commozione, il mio rispetto, la mia gratitudine. Permettete, che su questa mano, o padre....

SCENA XI.

Agnese sulla porta ode l'espressione di Drulling, e allegra s'avanza; mentre la segue Brummen, che resta fermo e incantato.

Agn. Padre! (*accorrendo dal Colonnello*) Oh mio

caro Pappà! fate molto bene a prendervi un figlio! così ne avrete due. (*gli dà le lettere.*)

Col. (*a Brummen*) Che fai tu là?

Bru. (*si scuote, e si batte una mano sulla fronte*) Oh! (*parte.*)

Col. Figlia, quind' innanzi io ti permetto di voler bene al Conte, come a un tuo fratello.

Agn. Come....

Col. Un caro ed amato fratello, e basta. (*siede e scorre le lettere.*)

Agn. Come sta adunque il mio caro ed amato fratello?

Dru. Oltre ogni dire, Madamigella, io sono felice.

Ang. Lo vedo, e lo sono io pure.

Dru. (*sottovoce*) Quelle sono le mie lettere?

Agn. Sì, ha voluto vederle.

Dru. Vi troverà ciò che è scritto nel mio cuore. Oh, Madamigella, quale ingiustizia non si fa al rispettabile vostro genitore, quando il titolo gli si dà di burbero e severo! Egli è il più dolce, il più affabile de' mortali.

Agn. (*in modo da farsi sentire dal Colonnello*) Lo credo anch' io, che il mio Pappà è buono: non se ne dà un uguale.

Col. Ben obbligato.

Agn. Dunque, fratello mio.... (*poi sottovoce*) Com' è andata? (*si mettono a discorrere fra loro: poco dopo odesi in distanza il tamburo.*)

Col. La parata. (*rimettendo le lettere insieme*) Scommetto, che il Capitano non ha sentito.

Dru. Non potete figurarvi, con quale angoscia mi sia presentato; e quale sono rimasto nel vedere sul tavolino la mia ripetizione. (*odesi il tamburo di nuovo.*)

Col. (Oimè! amore lo fa sordo! cominciamo male.)

Dru. Egli m' ha permesso di visitarvi alla presenza della zia. (*di nuovo il tamburo che dee continuare in distanza.*)

Agn. E di tutto questo ne avete l'obbligazione a me, che ne ho parlato subito a mio padre.

Dru. Agnese, mi sembra....

Col. (*battendo una mano sul tavolino, e gridando*) Corpo delle granate, Capitano; siete sordo? non sentite?

Dru. Oh! (*correndo parte.*)

Agn. (*incantata*) Padre mio, lo gridate davvero?

Col. (*severo prendendo il cappello*) In affari di servizio non fo mai da burla. (*parte.*)

Agn. Povera me! con un cielo così sereno un colpo di tuono così terribile! Che debbo pensarne? (*riprendendo il suo umor gioviale.*) Per non fallare, farò quello che fanno tutte le ragazze innamorate; penserò al bene, e a quello che desidero. Per pensare a guai, c'è sempre tempo. (*parte.*)

Fine dell' Atto primo.

ATTO SECONDO.

SCENA I.

Agnese e Marta.

Agn. Non ci pensare, ti dico; durante tutti i discorsi nè pure una sola volta t'ha nominata mio padre.

Mar. Sarà, ed ho ben piacere, che questa faccenda sia terminata felicemente per voi.

Agn. Eh mia cara, siamo ancora assai da lontano dal termine che sospiro. Sai tu, che mio padre vuol esaminare gli andamenti del Conte, e mettere alla prova il suo carattere? Non m'è stato possibile di saperne il come e il quando, e inutilmente mi sto lambiccando il cervello per indovinarlo.

Mar. Lo saprà bene il suo intimo consigliere, il vecchio Brummen, di cui si serve sempre per far le sue prove.

Agn. Darei cento zecchini per poterlo sapere.

Mar. Lasciate fare a me: so io il modo di riuscirvi.

Agn. Senza compromettermi però?

Mar. Ci s'intende. Se il vecchio invalido lo sa, non fa notte che lo so anch'io. Quattro parole dolci, e lo fo cantare.

Agn. Per parte mia è pura curiosità, poichè sono ben certa, che troverà il Conte quale lo desidera. Già io credo, che tutta la diffidenza di mio padre nasca dalla povertà del Conte, e dalla mia ricchezza.

Mar. Sta fresco il Conte! Chi sa, che razza di prove gli vorrà far subire? Il Colonnello è fatto così; pifferi, tamburi, ordinanze, uffiziali, ajutanti, maggiori, tutti debbono passare la trafila delle prove. Fece così anche colla buona memoria di vostra madre..

Agn. Ho dato parola a mio padre di non dir nulla al Conte; e perciò a me veramente non importa di saperlo: ma ho piacere, che tu lo sappia.

Mar. Perchè, sapendolo io, lo sapete anche voi.

Agn. No, anzi ti proibisco di dirmelo.

Mar. Adesso poi bisogna, che ve lo dica per forza, perchè la mia lingua ha una vera ripugnanza alle proibizioni.

Agn. Taci: viene qualcheduno.

Mar. (*avanzandosi*) Oh! appunto il nostro vecchio.

SCENA II.

Brummen. Dette.

Bru. Signora Marta, date luogo.

Mar. Oh bella! perchè ho d'andar via?

Bru. Perchè.... (*vedendo Agnese*) Oh!
(*si mette in positura di saluto militare.*)

Agn. Lasciate i complimenti, caro Brummen. Durerà ancora molto l'esercizio?

Bru. Non lo so. Debbo chiedere scusa, se stamane ho ardito arrestare il di lei amante; ma io ne aveva l'ordine.

Agn. Se voi non aveste fatto il vostro dovere, non sarei avanzata ne' miei voti, quanto lo sono.

Bru. Sa ella, che il signor Capitano ha fatto a se stesso il torto di credermi, con buon rispetto parlando, un birbante?

Agn. Ma s'è anche ritratto?....

Bru. E m'ha regalato la sua ripetizione; e il signor Colonnello m'ha permesso di ritenerla. È qui, che fa tiche tiche, senza che il mio cuore faccia toche toche.

Agn. È di buon umore mio padre?

Bru. Sotto l'armi mai. Dopo la parata ha fatto la prova d'una nuova manovra. Tutto andava bene, il Colonnello era contento, cosa che conosco io solo, perchè non dà mai segni d'approvazione. Nel più bello per sua disgrazia il Capitano Drulling fece fare un movimento falso alla sua compagnia, nacque una confusione della casa del diavolo, e la bella manovra andò a soqquadro.

Agn. Oh dio!

Mar. Figurarsi allora il Colonnello?

Bru. Niente affatto.

Agn. Non andò in collera mio padre contro il Conte?

Bru. Quando dico, niente affatto.

Agn. Mio caro e buon Brummen, quanto vi sono obbligata per questo vostro niente affatto. (*parte.*)

Mar. Avete sentito quel caro?

Bru. Non è stato per me; ma per l'altro caro, che gl'è caro un milione di volte più di me.

Mar. Credetemi, la padroncina vi stima e vi vuol bene.

Bru. Obbligato.

Mar. Ci sono anche delle altre che vi stimano, e che vi vogliono bene. Siete così buono!

Bru. Oh! — con permesso.

Mar. Un momento... Dunque, è certo, che avremo presto nozze?

Bru. Almeno ve n' è tutta l' apparenza.

Mar. Bella cosa l' unione di due cuori, che si amano! Dovreste anche voi prendervi una bella sposina.

Bru. Farei un buon negozio! Ho sessantaquattr' anni sulle spalle, dieci campagne nelle gambe; una dozzina di buone ferite per il corpo; immaginiamoci, come starei fresco.

Mar. Sessantaquattr' anni! Chi l' avrebbe detto? io ve ne dava al più una cinquantina! Con tutto questo, se voleste, ci sarebbe chi ascriverebbe a fortuna l' aver per marito un uomo sì bravo.

Bru. Per esempio, questa tale sareste voi?

Mar. E se lo fossi?

Bru. Corpo d' una Contrafossa, dite davvero?

Mar. È tanto tempo, che desiderava d' aprirvi il mio cuore?

Bru. Dovevate aprirlo prima. Dunque....

Mar. Ci parleremo subito che saranno fatte le nozze della padroncina. Già si fanno presto, è vero?

Bru. Ma! chi può saperlo?

Mar. Ah sì! ora mi risovvengo: il Colonnello vorrà mettere alla prova il genero, non è così?

Bru. Sapete pure, che tale è il suo costume.

Mar. Oh! lo so: nessuno viene in casa sua, o può restare nel suo reggimento, senza che sia provato. Dite la verità, Brummen, in che maniera credete che il Colonnello voglia far prova del Conte?

Bru. Io credo.... così.... che farà una prova.

Mar. E forse più d' una?

Bru. Anche.

Mar. A quest' ora voi già lo sapete?

Bru. Qualche cosa.

Mar. Sentiamo un poco.

Bru. Che?

Mar. La prova.

Bru. Siete curiosa di saperla?

Mar. Così..... per divertimento.

Bru. Oh! voglio dunque divertirvi. Sappiate, che la prova che vuol dare al Conte, è uguale a un di presso a quella che fece a me.

Mar. Cosa fece a voi?

Bru. State attenta, e sentite. Appena entrai nel reggimento, il Colonnello volle provare, se io era uomo capace di custodire un segreto. Un giorno mi fa chiamare nel suo gabinetto, ne chiude le porte, e con un' aria di mistero mi confida un affare, ma un affare grosso assai, e mi raccomanda la segretezza. Poco dopo mi si caccia intorno una vecchia strega, che pareva uno scheletro fuggito dall' anatomia; comincia a grattarmi le orecchie con adulazioni stomachevoli, a farmi la spasimante, a promettermi la sua mano secca come una sardella salata, insomma a tentare ogni mezzo possibile per trarmi di bocca il segreto.

Mar. E voi?

Bru. Io la guardai, ridendo, le feci cucù sotto il naso, e piantai la povera strega, che rimase a bocca aperta come un' oca strangolata. (*parte.*)

Mar. Oh pezzo di tutto somaro! A me scheletro? a me oca strangolata? non te la perdono mai più, e studierò tanto, finchè troverò il modo di vendicarmi.

SCENA III.

Il Colonnello, l' Ajutante, e Brummen.
Detta.

Col. (*di dentro*) Brummen.

Mar. Uh! il Colonnello! evitiamone l' incontro. (*parte.*)

Col. (*uscendo*) Signor Ajutante, quando l' Uffizialità viene all' ordine, compiacetevi per oggi di attendere al di fuori.

Aju. Sarete obbedito. (*parte, ed esce Brummen.*)

Col. Ebbene, Brummen? Sei stato all' alloggio del Capitano? Cosa dicono di lui i padroni di casa?

Bru. Sono arcicontenti di lui, e sopratutto la padrona giovane, che, maritata a un padrone vecchio, vede di buon occhio l' uffiziale giovine, e ne parla con trasporto. Ho parlato al suo servitore, che ciarla volentieri, ed ho saputo, che il Conte ha de' debiti....

Col. Ahi!

Bru. Debiti onorati, signor Colonnello, debiti per ajutare chi ne ha di bisogno. Giuoco, niente; osteria, mai; lavandaje, sartorelle, vecchie officiose, da lui non se ne veggono. Qualche volta invito d' amici, una cenetta, un buon punch, ma disordini mai. Questa è la sua condotta.

Col. Non c' è male. E qui da noi, nulla di nuovo?

Bru. Assalto alla mia segreteria, e assalto con tutta la malizia femminina.

Col. Mia figlia forse?

Bru. Direttamente no, ma ha mandato ad esplorar terreno la vezzosa Madamigella Marta, che ha messo a repentaglio la mia verecondia col farmi la spasimante.

Col. Oh bella! e tu?

Bru. Ho corrisposto alle sue galanterie, trattandola da scheletro, da sardella secca, e da oca strangolata.

Col. E non t' ha detto nulla?

Bru. Non lo so, perchè ho usato prudenza, e mi sono ritirato.

Col. Dunque mia figlia mi disobbedisce?

Bru. Conviene compatirla; è impossibile che resti neutrale.

Col. Ed io lo voglio: chiamala.

Bru. Subito. (*entra nelle camere a sinistra.*)

Col. Le informazioni avute non mi dispiacciono; ma essere negligente nel suo dovere, e fallare una evoluzione tanto facile.... questa, Capitano mio, me la devi pagar cara.

SCENA IV.

Brummen, poi Agnese. Detto.

Bru. Madamigella.

Col. Sta fuori, e non moverti di posto.

Bru. Sarò immobile. (*parte.*)

Col. (*a sua figlia che si avanza lentamente*) Cosa c' è? il tuo cuore non ti comanda doppia marcia questa volta?

Agn. No, caro padre; anzi ha tremato all'ordine di venire.

Col. Segno che non è tranquillo.

Agn. E può esserlo, dopo che voi l'avete messo nell' angustia di sapere, che volete porre a prova il carattere del Capitano....

Col. Per parlarti di lui appunto, ho mandato a chiamarti. Io credo, che difficilmente succederà seco lui il tuo matrimonio.

Agn. Oh padre!

Col. Egli è un cattivo soldato.

Agn. Potrà diventare un buon marito.

Col. Impossibile: nulla può avere a cuore, chi non cura i doveri del proprio stato. Un uffiziale negligente nel sovrano servigio non può essere, nè buon amico, nè buon marito, nè buon padre; e ad un tal uomo io non do l'unica mia figlia; ad un uomo, che si diverte le intiere notti; che fa debiti; che non si cura dell'onore del reggimento; che sotto l'armi....

Agn. Padre!

Col. Anche tu hai abusato della mia paterna confidenza; anche tu hai obbliato il filiale dovere, cercando con inganno ed artifizio di sorprendere Brummen, e renderlo traditore.

Agn. È vero, punitemi; ma credete, che il Conte....

Col. Di te io parlo, e non del Conte. Dopo l'ordine mio di non far parola a chicchessia de' divisamenti miei su Drulling, tu osi mandare con artifiziose istruzioni quella sciocca tua confidente a rendersi ridicola col mio vecchio Brummen?

Agn. (*inginocchiandosi*) Perdono, pappà; appena mi sono avveduta d'aver fatto male, voleva tutto confessare a voi.

Col. Alzati, che ora non è tempo di commedie. Voglio crederti e perdonarti.

Agn. (*si alza, e gli bacia la mano.*)

Col. Intanto ti avverto, che per un anno devi deporre il pensiere d'essere sposa del Conte.

Agn. Un anno!

Col. E probabilmente anche mai.

Agn. (*vuol parlare.*)

Col. Di più ti comando, che, ovunque l'azzardo ti faccia incontrare col Conte a qualunque suo discorso, a qualunque sua richiesta, tu non hai da rispondere altro, che sì e no.

Agn. Sì e no? dirà che lo burlo.

Col. M'intendo sì e no, a quanto può essere relativo alle nostre intelligenze. Se osi disubbidirmi, ti mando subito a Stockolm da tuo zio. Mi conosci, e basta.

Agn. (*piange.*)

Col. (*mitigando la voce, e prendendo un tuono più dolce.*)

Ho le mie ragioni per agire così, e l'obbedienza può essere forse l'unico modo per giungere al compimento delle tue brame. T'ho promesso ch'egli verrà a visitarti di quando in quando da tua zia, e non mi ritratto. (*si alza.*)

Agn. (*singhiozza.*)

Col. (*più commosso*) Via, non piangere. Può anche darsi, che le informazioni avute di lui sieno false....

Agn. Falsissime; nè meno da dubitarne, che sono falsissime. Lo vedo io ne' vostri occhi che non le credete vere. Del suo prossimo si dee piuttosto credere il bene, che il male; me lo avete insegnato voi, e il vostro bel cuore non può insegnare, se non quello che sente e che fa.

Col. Caso mai egli ti scrivesse, subito la lettera a me senza aprirla. Ora ritirati nelle tue stanze.

Agn. (*piangente*) Vedere il mio dolore e le mie lagrime, e mandarmi via senza una parola dolce, senza una consolazione? No, non può essere; il mio buon padre non è mai stato così, e non lo sarà mai. No, che non lo siete. Sapete cosa credo? che anche me avete voluto mettere alla prova.

Col. Credi ciò che vuoi; ma vattene.

Agn. (*correndo presso di lui*) Sì, posso credere quello che voglio? Sapete adunque cosa veramente io credo?

Col. (*alquanto impaziente e burbero*) E così?

Agn. Che io ho il migliore di tutti i padri. (*gli bacia la mano, fa una riverenza, e parte.*)

Col. (*guardandole appresso*) Conviene, che stia in guardia, perchè è furba, e mi conosce troppo bene! Già non ho abilità per fare da padre cattivo; andiamo dunque a far da Colonnello. (*prende un contegno severo, e va ad aprire la porta d' ingresso.*) Entrate, signori.

SCENA V.

Il Maggiore, Drulling, Merken, Leiber, Vallen, Soller, Ajutante, e varj altri Uffiziali.

Detto.

Col. La parola.

Mag. (*s' avvicina al Colonnello, che seco lui s' avanza alcuni passi, e gli parla all' orecchio. Il Maggiore s' accosta all' Ajutante, che riceve la parola, e la scrive nel suo portafoglio.*)

Col. (*passeggia, e di quando in quando dà occhiate severe a Drulling.*)

Lei. (*a Vallen*) Il temporale gira, e pare, che voglia cadere addosso al povero Drulling.

Val. (a Leiber) Non lo credo: sapete pure, che fa il bello a Madamigella Agnese?

Mar. (al Maggiore) Il Colonnello è molto di cattivo umore.

Mag. Non vorrei essere nel Capitano.

Col. (fermandosi innanzi a Drulling) Signor Capitano, anche quest'oggi vi siete fatto poco onore all'esercizio. Pare, che vi prendiate sotto braccio il vostro dovere?

Dru. Signor Colonnello....

Col. Tacete: voi non conoscete, nè ordine nel servire, nè subordinazione.

Dru. Se il signor Colonnello volesse avere la bontà di dirmi in che ho mancato?....

Col. In che? in tutto. Se voi sapeste, che una sentinella rappresenta il Sovrano, gli rendereste il dovuto rispetto, quando nel vostro passaggio vi fa l'onore di presentarvi l'armi; ma voi mai glielo rendete. Chi manca a una sentinella, offende il Sovrano, e come colpevole dev'essere trattato; poichè ogni buon ordine sociale rovina, la personale sicurezza si perde, allorchè come cosa sacra non viene rispettata una sentinella. Noi, signor Capitano, dobbiamo col nostro esempio insegnare alla moltitudine inesperta, che questo abito che ci ricopre, è il primo di tutti, sia fino o rozzo il panno di cui è fatto.

Dru. Supplico....

Col. Tacete. Voi non potete ignorare, che a qualunque uffiziale è proibito di mostrarsi in pubblico vestito da privato; e nessuno più di voi trasgredisce questa legge, come se vi vergognaste di portare questa onorata divisa.

Dru. Signor Colonnello....

Col. E chi vi ha insegnato a interrompere un vostro superiore? Dovrò io farvi imparare a tacere? Anche questa mattina la vostra compagnia fu l'ultima alla parata, com' è la più cattiva in tutto il resto. Il bell' onore che vi siete fatto nell' esercizio! Fallare in una manovra, che avrebbe fatto eseguire un ragazzo, che uscisse dal collegio militare. Vergogna: per colpa vostra hànno dovuto scomparire tutti gli altri. Attenzione vuol essere, e non fumo; studio, rispetto e subordinazione, non dissipamento, non orgoglio. Voi non sarete mai un buon uffiziale; e perciò fareste meglio a trovarvi un reggimento che per riguardo della vostra nobiltà, e delle vostre protezioni sappia perdonare a' vostri mancamenti. *(si volge agli altri)* Vi ringrazio, signori, dello zelo, che avete dimostrato nell' eseguire l'esercizio: solo vi raccomando, che abbiate più occhio nel tener meglio allineate le file. Senza questo la più bella truppa non può fare alcuna buona figura. *(levandosi il cappello)* Signori, abbiate a cuore il servigio del Sovrano: vi riverisco. *(esce per la porta d' ingresso.)*

Dru. Signor Maggiore!

Mag. A rivederci. *(parte coll' Ajut. e varj uffiziali.)*

Dru. Capitano!

Mer. Non so che dire. *(parte col resto degli uffiz.)*

Lei. (Mi fa compassione!) *(parte.)*

Dru. *(furioso)* Ah!

Val. Camerata, tu sai, che ti sono sempre stato buon amico; io preveggo per te funeste conseguenze. Hai molti nemici nel reggimento; sei offeso nell' onore, e non puoi ignorare quello che può succederti. Il solo amichevole consiglio che posso darti, è questo: dà la tua dimissione. Addío. *(parte.)*

Dru. Ecco svanita ad un tratto ogni più dolce speranza di felicità e d'amore! Ah! non foss'egli il padre d'Agnese che per me è perduta per sempre! *(si abbandona sopra una sedia.)* Annientato io qui sono fra il violento contrasto d'amore, d'onore, e di morte! Ah! questa, questa sola mi resta!

SCENA VI.

Agnese. Detto.

Agn. Voi qui, signor Conte?

Dru. *(alzandosi)* Si, Madamigella.

Agn. Non avete voluto andare cogli altri uffiziali?

Dru. *(con un sospiro)* No.

Agn. Voi siete turbato?

Dru. Si.

Agn. Vi sentite male?

Dru. No.

Agn. Non sapete dire altro che si e no? Anch'io ho ordine di non dir altro: così faremo conversazione all'usanza de' Quaqueri.

Dru. Ah!

Agn. Drulling, voi avete avuto qualche dispiacere.

Dru. Si.

Agn. Con mio padre?

Dru. Si.

Agn. Per causa mia forse?

Dru. No.

Agn. Questo vostro procedere poi....

(in atto d'allontanarsi.)

Dru. Agnese, per carità non mi lasciate col vostro sdegno, non mi odiate.

Agn. Io odiarvi? e se anche il volessi, lo posso?

Dru. Voi mi amate adunque?

Agn. Lo sapete pure.

Dru. E continuerete ad amarmi anche, se l'onore mi costringe a funestare i giorni vostri?

Agn. Cielo! questi detti.... Ah Conte, spiegatevi.

Dru. Non posso.

Agn. V' ha proibito forse mio padre di venir qui?

Dru. Una volta ancora io vi porrò il piede, e poi.... sa il cielo, cosa sarà di me.

Agn. Drulling, perchè tormentarmi così?

Dru. Agnese! *(baciandole la mano.)*

Agn. No, voi non partirete.

Dru. Lo debbo; l'onore mi chiama. Addio, Agnese, addio per sempre.

Agn. Drulling! Drulling!

SCENA VII.

Nell' atto che Drulling impetuosamente s' incammina per uscire, il Colonnello si presenta sulla porta. Drulling fa un atto di sorpresa, s' arresta, e si ritira alquanto in positura militare, tenendo gli occhi al suolo. Il Colonnello gli dà una occhiata sostenuta, passa, levandosi il cappello, e lentamente s' avanza sulla scena. Drulling si volge a Agnese; sospira, guarda il cielo, e parte.

Agn. *(correndo da suo padre)* Padre mio! il povero Conte è fuori di se.

Col. *(con indifferenza mettendo giù il cappello.)* Ebbene, che rientri in lui.

Agn. Egli va a uccidersi.

Col. *(deponendo la spada)* Padrone: è una prova che può fare.

Agn. In nome del cielo, lasciate gli scherzi; vi ripeto, che il Conte è all' ultima disperazione. Con un tuono il più deciso, e il più terribile m' ha detto addio per sempre. Ah certo il suo furore lo conduce a morire!...

Col. Figliuola mia, se tutti gli innamorati, che hanno detto alle sue amanti addio per sempre, si fossero dati la morte; io credo, che da un gran tempo il mondo sarebbe un deserto. Queste sono le solite frasi della gramatica d' amore.

Agn. Il cuore mi dice, che non lo vedrò mai più.

Col. Non affannarti, che t' assicuro io, che lo vedrai; anche di troppo.

Agn. Sì? Mi permettete di scrivergli subito?....

Col. No.

Agn. Oh dio!

Col. Ma quando tuo padre dice di non affannarti, puoi ben credere, che ha giusto fondamento di dirlo?

Agn. Avete ragione..... siete così buono!.... Via, non mi affannerò più. Ma cosa gli avete fatto?

Col. Ho fatto da Colonnello, perchè nulla mi fa dimenticare il mio dovere. T' ha egli parlato d' amore?

Agn. Sì, padre, ma in modo, come se questo amore fosse finito.

Col. E tu, cosa gli hai risposto?

Agn. In verità non altro che sì e no.

Col. Ma quando hai risposto di sì, e quando di no?

Agn. M' ha domandato, se l' amo.

Col. E tu?

Agn. Ho detto subito di sì, perchè non si debbono dir bugie.

Col. Non t' ha egli parlato d'altro? Possibile, che la tua curiosità abbia potuto trattenersi dal chiedergli, cosa gl' era successo?

Agn. Gliel' ho richiesto io; ma egli s' è ostinato a non volermi dir nulla.

Col. Bravo! questo mi fa piacere.

Agn. E a me niente affatto. Fatene adunque anche a me uno de' piaceri; ditemi, cos' ha il Conte?

Col. A suo tempo lo saprai.

(Agnese insiste per parlare.)

Fine alle interrogazioni; basta così.

Agn. Una sola, corta corta, e poi tranquilla vado nelle mie stanze. Mi permettete di seguitare a voler bene al Conte?

Col. E se io te lo proibissi, cesseresti tu per questo d' amarlo?

Agn. No in coscienza.

Col. *(impaziente)* Dunque continua ad amarlo, ma nelle tue stanze.

Agn. Ora sono contenta. *(in atto di partire.)*

Col. Eh.

Agn. *(ritornando)* Comandate.

Col. Alla prima parola che ti sfugge di ciò che sai, e che non sai, riguardo al Conte, ti mando subito a Stockolm.

Agn. Di quello che spero, che credo, e che so del Conte, vi prometto di non farne parola; di quello poi che non so, v' assicuro di non dirlo ad anima vivente. *(parte.)*

Col. Sono impaziente di vedere, cosa saprà fare questo povero innamorato. Veramente la strapazzata è stata un pò forte; ma bisognava far così per portarlo al punto che voglio. Se ha cuore, lo vedremo: non c'è mezzo termine da levarsi fuori; bisogna venire al passo, e là lo aspetto per divertirmi.

SCENA VIII.

Brummen. Detto.

Bru. Signor Colonnello.

Col. Ebbene?

Bru. Ho eseguito la commissione.

Col. Per mezzo di chi?

Bru. Del servitore.

Col. Puoi fidartene?

Bru. Quanto a me stesso.

Col. Dunque rapporto.

Bru. Il Conte è corso al suo alloggio, ha urtato nella padrona di casa, credo, senza vederla, perchè non l'ha nemmeno salutata; è entrato nella sua camera, ha cacciato sossopra tutto il tavolino dove scrive, ha battuto i piedi come per rabbia di non trovare quello che cercava, e poi in tutta furia si è messo a sedere, e a scrivere.

Col. Buono! scriverà il biglietto di disfida.

Bru. A chi?

Col. A me,

Bru. Oh! impossibile.

Col. Perchè?

Bru. A un superiore?

Col. Domanderà la sua dimissione, ed io gliel'accordo; poi mi sfida, e ci battiamo.

Bru. Bisognerebbe, che avesse un cuore da leone, per avere il coraggio di battersi con voi.

Col. Chi è offeso nell' onore, non calcola pericoli, ma ricerca soddisfazione.

Bru. Sta bene; ma s' egli si batte con voi, lo ammazzate.

Col. Ebbene, l' ammazzerò.

Bru. E' poi?

Col. Gli darò mia figlia in moglie.

Bru. A un ammazzato? Non ho mai più sentito un matrimonio simile.

SCENA IX.

Agnese. Detti.

Agn. (*allegra passando*) Oh padre mio! il suo servitore, il suo servitore.

(*esce per la porta d' ingresso*)

Col. Il servitore di chi?

Bru. Ma!

Col. Osserva.

Bru. (*va sulla porta*) Ah! ah! l' amico.

Col. Chi?

Bru. Fabiano, il servitore del Conte — rimette un biglietto a Madamigella — s' inchina — va via.

Col. Diavolo! io m' aspettava una disfida, e invece (*indispettito*) Oh! se non avesse cuore.... se non l' avesse!

SCENA X.

Agnese. Detti.

Agn. Padre, eccovi una prova della mia obbedienza.

Col. Un biglietto?....

Agn. Del Conte: ve lo rimetto, quale l' ho ricevuto.

Col. (*apre il biglietto, lo scorre, e poi lo ripiega, e lo mette in tasca*) Ho capito: puoi andarsene.

Agn. Andarmene? senza sapere....

Col. Cosa scrive il Conte? eccolo: a patto, che tu vada subito in camera a leggerlo.

Agn. Sì sì, subito, di volo, a leggere il biglietto, e ad amare sempre più chi lo ha scritto.

(*prende il biglietto, e parte.*)

Col. Presto, Brummen, al campo del nemico, a riconoscerlo, ad esplorare ogni suo movimento.

Bru. Dunque quel biglietto?....

Col. Reca un congedo formale a mia figlia. Buon segno: il Conte mi sfida sicuramente.

Bru. E voi accettate?

Col. Sì.

Bru. E lo ammazzate?

Col. Almeno tale è la mia intenzione.

Bru. E poi....

Col. Allegramente lo fo sposo con mia figlia, e tutti siamo felici. (*entra nelle sue camere.*)

Bru. Mi pare, che tutti uniti insieme facciamo una bella raccolta di pazzi.

(*parte per la porta d'ingresso.*)

Fine dell' Atto secondo.

ATTO TERZO.

SCENA I.

Il Colonnello, indi Brummen.

Col. Oramai sera, e nessuno si vede. Dove diavolo può essersi cacciato Brummen?

Bru. Brummen è qui, signor Colonnello.

Col. Animo, cos' hai raccolto nella tua corsa?

Bru. Il Capitano s' è fatto portare da pranzo in camera, ha mangiato poco, ed ha bevuto quasi una bottiglia di buon vino.

Col. Cominciamo bene: il vino dà calore, e sveglia gli spiriti.

Bru. Ha scritto a suo fratello, e a sua madre; scrivendo a quest'ultima, piangeva.

Col. Segno di tenerezza filiale: buono!

Bru. Ha fatto cambiare in tant'oro tutto il suo danaro, che forma la somma di cento dicianove talleri e tre quarti. Il Maggiore è stato da lui per parlargli; ma il Conte gli ha fatto dire, che è incomodato.

Col. Fin qui, Brummen mio, le cose vanno a dovere. Cosa te ne pare?

Bru. Ma! mi pare, che sia un uomo, che abbia fatto il suo testamento.

Col. E così dee fare un uomo, che si prepara alla morte.

Bru. E dagli con questa morte! ma, scusate, dite da vero, o da burla?.

Col. Aspetta, e lo vedrai.

SCENA II.

L' Ajutante. Detti.

Aju. Il Capitano Drulling supplica il signor Colonnello d'accordargli udienza.

Col. (*allegro*) Bene, bene.... (*rimettendosi*) Ditegli, che aspetti.

Aju. (*parte.*)

Col. Il piacere cagionatomi dà quest'ambasciata m' ha quasi tradito. Vecchio mio, viene a sfidarmi; sta certo, viene a sfidarmi.

Bru. Tanto più ammirerò il suo coraggio.

Col. E questo è quello che desidero. Vado via per prendere il necessario contegno. Che bella cosa, se mi sfida a ultimo sangue! (*entra in camera.*)

Bru. Ammazzamenti e poi sposalizio! Non intendo niente. (*va ad aprire la porta d' ingresso.*)

SCENA III.

Drulling. Detto.

Bru. Signor Capitano, favorisca.

mi ascolto?

Bru. Si signore.

Dru. Tarderà molto?

Bru. Un momentino, e viene.

Dru. (*passeggia*) (Ah! siamo al punto decisivo.)

Bru. Brutto temporale ha fatto quest'oggi, signor Capitano?

Dru. Sì.

Bru. `E caduto il fulmine.

Dru. (Un nulla è la morte; ma l'infamia, l'eterna separazione da Agnese!....)

Bru. Sa ella, che Madamigella....

Dru. Io non v' ho interrogato.

Bru. Diceva così, perchè....

Dru. Aspettate, che v'interroghi, e risponderete.

Bru. (*in positura militare*) Come comanda il signor Capitano. (Uh! c'è del negro assai! credo, che il Colonnello abbia ragione.)

SCENA IV.

Il Colonnello in soprabito. Detti.

Col. Capitano Drulling, che buon vento mi fa avere il piacere di vedervi da me così tardi?

Dru. (*salutando con voce soffocata*) Signor Colonnello.

Col. Brummen, lumi.

Bru. Subito.

Col. Voglio, che ci vediamo in volto. Affari di servizio, Capitano?

Dru. No.

Col. (*fregandosi le mani per allegria*) (Bene! bene!) Sapete dir nulla, se sia stato arrestato il Caporale, che jeri ha ferito il suo Sergente?

Dru. `E al Profosso.

Col. La vorrà passar male quel povero diavolo?

Dru. Così credo; quantunque sia stato il Sergente, che lo ha provocato.

Col. Provocato o no, quando si tratta di superiori, non c'è ragione che salvi. Lo sapete anche voi, che tali sono le leggi militari.

Dru. Lo so.

Col. (*dopo breve pausa*) Avete da dirmi molto?

Dru. Poche parole, e queste, se il permettete, a quattr' occhi.

Col. (Ringraziato il cielo! ora non c'è più dubbio; mi sfida a dirittura.)

SCENA V.

Brummen. Detti.

Bru. Eccomi co' lumi.

Col. Mettili qui, e ritirati.

Bru. (*nel metter giù i lumi sul tavolino, dice qualche cosa all' orecchio del Colonnello, che allegro accenna di sì colla testa, e Brummen parte, dimenando il capo*) Hm! hm!

Col. Indovino io, Capitano, che siete venuto per parlarmi di cose amorose!

Dru. Non signore.

Col. Che dunque?

Dru. (*serio, ma col rispetto, dovuto alla subordinazione gli rimette un piego di carte.*)

Col. Cos' è questo?

Dru. Io domando sul momento la mia formale dimissione dal servigio.

Col. Benissimo; ne farò il rapporto. Intanto provvisoriamente condiscendo alla vostra richiesta. (*va al tavolino, sottoscrive, e gli rimette i fogli*) Si può sapere il motivo di questa precipitosa risoluzione?

Dru. L' onore, signor Colonnello, l' onore che è la cosa più sacra per un militare; l' onore che a tutto dev' essere preferito, a qualunque riguardo, all' amicizia, all' amore anche il più caro ed il più violento. Quest' abito non soffre macchia d'infamia, e con un uomo disonorato non si degna di servire nessun bravo Uffiziale.

Col. Dove tende tutto questo preambolo?

Dru. Ho finito. Signor Barone, questa mane voi mi avete offeso; il Conte Drulling ve ne domanda soddisfazione.

Col. (*con impeto*) Soddisfazione!

Dru. Voi siete nobile, e lo sono anch' io: non potete. ricusarla.

Col. E non sa il signor Conte, che un solo mio detto basta per farlo caricare di catene?

Dru. Fatelo, prevaletevi della forza, fatemi processare; io non ho timore. Voi mi avete accordata la mia dimissione, e siamo uguali. Qualunque sia il destino a cui può assoggettarmi la violenza, io ho salvato l' onor mio; il mondo deciderà, se voi avete salvato il vostro.

Col. (*fra se godendosi; poi riprendendo indifferenza*) Sentiamo: quale soddisfazione desidera il signor Conte?

Dru. Un' amichevole mi sarebbe più grata.

Col. Che? osereste pretendere, che in faccia all' Uffizialità io mi abbassassi a chiedervi scusa? Giovine temerario, io.... voglio perdonarvi in grazia di mia figlia.

Dru. Agnese non può essere sposa d' un disonorato. Rinnovo la mia richiesta.

Col. Mai.

Dru. Dunque il Barone di Funkenberg scelga luogo, tempo ed armi.

Col. (*minaccioso*) Capitano, io non mi batto, che a ultimo sangue.

Dru. Anch' io.

Col. (*dopo breve pausa*) Fra un quarto d'ora ritornate: penserò, se debbo mandarvi all'altro mondo, o pure al corpo di guardia.

Dru. Sono apparecchiato all'uno, e all'altro. (*parte.*)

Col. (*dopo averlo seguito cogl' occhi*) Bravo! bravissimo! Quasi quasi mi faceva andare in collera davvero. Brummen, Brummen.

SCENA VI.

Brummen. Detto.

Col. (*andandogli incontro allegro*) M' ha sfidato, sai? m' ha sfidato, e a ultimo sangue.

Bru. Allegramente pure; ma io non capisco....

Col. Capirai. Subito a me l'Ajutante.

Bru. Vado: (La prima volta in vita mia, che non posso stare nella pelle per la curiosità.) (*parte.*)

Col. La sua freddezza vale un tesoro; fa vedere, che in cuore stiamo bene a risoluzione, e a coraggio.

SCENA VII.

Brummen, e l' Ajutante. Detto.

Col. Signor Ajutante, compiacetevi d'ordinare quattro cavalli da posta, e dire alla mia gente di preparare in corte la mia carrozza da viaggio; vi prego della maggior sollecitudine possibile.

Aju. Non dubiti, signor Colonnello.

Col. Cercate del Maggiore, e a nome mio invitatelo a favorirmi fra mezz' ora a bere il punch. Mi obbligherà molto, se condurrà seco degli altri uffiziali.

Aju. M' affretto ad ubbidirvi. (*parte.*)

Col. Brummen, mi nasce un dubbio.

Bru. Quale?

Col. Che mia figlia abbia trovato il modo di far sapere al Conte, che io voglio metterlo alla prova?

Bru. Oh! non credo.

Col. Basta: lo sappia pure; ma quando vedrà, che si fa da vero, allora sì che gli verranno i sudori.

Bru. Ma dunque propriamente....

Col. Va nella mia piccola armeria, e prendi le mie quattro pistole, che sono nell'armadietto a sinistra, palle e polvere.

Bru. Palle!

Col. E non ci vogliono delle palle per ammazzarsi?

Bru. Oh! (*scuotendo il capo.*)

Col. Senti bene: tu devi....

SCENA VIII.

Agnese. Detti.

Agn. Padre!....

Col. Un momento. (*tira in disparte Brummen, e gli parla all'orecchio.*)

Bru. (*accompagna colla pantomima analoga, e colle parole quello che gli va dicendo il Colonnello*)

Due.... le altre.... Ah!.... sì sì.... ho capito. Benone! benone! colpo da maestro. Vado subito. (*parte.*)

Col. Sono con te. Cosa vuoi?

Agn. È vero, che fate preparare la carrozza da viaggio?

Col. Sì, a momenti si parte.

Agn. Per dove?

Col. Per la Capitale.

Agn. Perchè?

Col. Per condurti da tuo zio, e da lui lasciarti. — T' insegnerò io a non ubbidirmi, e a mancare alle promesse.

Agn. Io!

Col. Nega d' aver detto al Conte, ch' io voleva far prova di lui?

Agn. No, padre, non gli ho detto niente; mi punisca il cielo, se mi sono lasciata sfuggire seco lui il più piccolo accento. Ho mai mentito col mio buon padre?

Col. (*va sulla porta della camera d' Agnese, e chiama con voce severa:*)
Marta! Marta! (*poi ad Agnese*) Là in camera mia, e sta ad ascoltare, se sono uomo da farmi ubbidire. (*Agnese vorrebbe parlare.*) In camera.

Agn. (*spaventata si ritira*) (Oimè! così in collera non l' ho veduto mai! Comincio a disperare della mia felicità.) (*parte.*)

SCENA IX.

Marta. Detto.

Mar. Sono quì; cosa comandate?

Col. E con questa faccia franca hai il coraggio di venire?

Mar. Ho da venire in maschera?

Col. (*con voce alta e severa*) Non è tempo di farmi l' impertinente. Confessami la verità, o preparati ad essere severamente punita. Dimmi un pò; perchè sei vecchia di casa, ti credi tu d' avere il diritto di mettermi in confusione tutta la famiglia?

Mar. Io? farà confusione vostra figlia che è innamorata, e voi colla vostra furia, e co' soliti vostri sospetti l'accrescerete.

Col Puoi tu negare di non essere stata la mezzana tra mia figlia e il Conte Drulling?

Mar. (*gridando più forte del Colonnello*) Cos' è questa mezzana? Io non ho fatto altro, che portare delle lettere, e a far questo non c'è niente di male, quando retto ed onorato è il fine. E non ho avuto forse là medesima compiacenza per voi, quando eravate giovine, e che facevate all' amore colla buona memoria della defunta padrona? Allora io faceva bene, perchè si trattava del vostro interesse; dunque non ci sarà male nemmeno adesso di fare per la figlia quello che piaceva al padre.

Col. Temeraria, non hai tu per la scala segreta introdotto il Conte in casa? non gli hai tu qui, in questo luogo medesimo procurato un abboccamento con mia figlia?

Mar. Si signore; ho condotto il Conte per quella scala medesima, per la quale io conduceva voi medesimo, ventitre anni fa, per parlare alla padrona.

Col. Questo non ha che fare....

(*con voce più calmata.*)

Mar. Anzi ha che fare moltissimo. Negate, se potete, che io sono stata quella che v'ha ajutato a sormontare tutte le difficoltà? A quel tempo padre, madre, zia, parenti, tutti erano contro di voi, e vegliavano sulla figlia; ed io era la vostra confidente, la vostra guida, e senza di me mai e poi mai sareste divenuto di lei marito.

Allora vi voleva bene anch' io ; perchè eravate grazioso e gentile; ma adesso....

Col. Taci. (*con rabbia e sottovoce.*)

Mar. Dovreste anzi ringraziare quella scala segreta, e la mia compiacenza di farvela montare.

Col. E così non la vuoi finire, arpia, strega demonio, non la vuoi finire? (*con voce soffocata di rabbia.*)

Mar. (*gridando più forte*) No; quando mi si fanno delle ingiustizie, non taccio, se credessi di farmi tagliare a fette. Il Conte è un bravo uffiziale, nobile al pari di voi, e di voi anche più polito e più modesto, perchè egli non mi ha abbracciata mai come facevate voi ogni volta, che venivate per la scala segreta.

Col. Non alzar tanto la voce, te ne prego.

Mar. Arpia! strega! Mi pare, che quello che si stimava e si abbracciava in tempo di gioventù, dovrebbe anche rispettarsi un poco più in tempo di vecchiaja?

Col. Via, sii buona, non gridar sì forte. Mia figlia è nella mia camera; non ista bene farle sentire.....

Mar. (*sottovoce*) Oh! quando mi parlerete con buona maniera, andremo d'accordo, e non ci grideremo.

Col. (*sempre sottovoce*) Da te io voleva solamente sapere, se da questa mattina in poi hai più veduto il Conte?

Mar. Non signore.

Col. E nemmeno fattogli sapere....

Mar. Niente affatto.

Col. Mi basta la tua parola, e te lo credo. Va pure, che ogni collera è passata.

Mar. Ma non è passata già a me. Io sono la stessa onoratezza, e non ho bisogno d'essere messa alla pruva, come voi fate con tutti. Mi assegnerete la mia pensione, perchè non voglio restare con chi si dimentica.....

Col. Finiscila. *(alquanto in collera.)*

Mar. (più sottovoce) Con chi si dimentica, che fu debitore della sua felicità alla scala segreta. *(parte.)*

Col. Maledetta! m'ha fatto sudare una camicia dalla rabbia, e dal dispiacere che sentisse mia figlia.

SCENA X.

Agnese. Detto.

Agn. Posso venire?

Col. Vieni pure.

Agn. Bisogna, che abbiate maltrattato assai la povera Marta?

Col. Perchè dici questo?

Agn. Perchè ha fatto il gran gridare.

Col. Che vuoi? è vecchia di casa, non ha soggezione.... Hai sentito quello che ha detto?

Agn. Così.... qualche cosa della scala segreta....

Col. (Diavolo!)

Agn. Ma a me di questo poco importa; mi basta, che siate persuaso della mia innocenza.

Col. Si si, lo sono.

SCENA XI.

Brummen. Detto.

Brù. Signor Colonnello.

Col. *(andandogli incontro)* Che hai da dirmi?

Bru. (*all' orecchio*) Il Capitano.

Col. Pontuale, cospetto! Trattienilo fuori un momento. (*Il Colonnello s' avanza con indifferenza, e Brummen parte.*)

Agn. (Qualche nuovo arcano senza dubbio.)

Col. Figliuola mia, va da tua zia: ci rivedremo a cena.

Agn. Padre, il cuore non mi presagisce nulla di buono.

Col. Perchè è ammalato; ma si risanerà.

Agn. Datemi la medicina che sapete, ed è subito risanato. Bacio la mano al mio medico. (*parte.*)

Col. Bisogna impedire d'essere sturbati. (*va e chiude la porta delle camere d' Agnese a catenaccio*) Raccogliamoci, e prendiamo il tuono e l' aria, competenti alla impresa. (*passeggia alquanto, e poi con voce severa chiama*) Brummen!

SCENA XII.

Brummen, poi Drulling. Detto.

Bru. Signore.

Col. Fa entrare.

Bru. Favorisca, signor Capitano.

Dru. (*uscendo*) Io non sono più Capitano. (*si avanza, e s' inchina.*)

Col. Chiudi, e non venire, se non ti chiamo.

Bru. (Dev' esser bella, ma bella assai.) (*parte e chiude.*)

Col. Pontuale, signor Conte?

Dru. Così richiede l'onore.

Col. Dunque sempre della medesima opinione?

Dru. In simile materia non può esservi cangiamento.

Col. E persistete a chiedere....

Dru. Una sola vostra parola in faccia di que' medesimi Uffiziali....
Col. Mai.
Dru. Compiacetevi adunque di stabilire il tempo, e l'armi.
Col. Giovine sconsigliato, e voi ardite voler attentare a' giorni del padre di colei che amate?
Dru. Agnese non può più amare un uomo ricoperto dal disonore.
Col. E non riflettete, che ogni speranza di possederla è perduta?
Dru. L'onore merita qualunque sacrifizio, e questo onore reclama soddisfazione.
Col. L'avrete; ma avvertite, che converrà battervi alla mia usanza.
Dru. Come volete.
Col. Uno di noi due dee lasciarvi la vita.
Dru. Bene. Comandate.
Col. Alla mia usanza, e subito.
Dru. Subito!
Col. E qui.
Dru. Co' lumi?
Col. Si, co' lumi, e colle palle di piombo. Ehi.

SCENA XIII.

Brummen. Detti.

Bru. Chiamate?
Col. La mia pipa. (*Brummen parte.*)
Dru. (*sorpreso*) Signore....
Col. Che? vi dà fastidio l'odore del tabacco?
Dru. No.... ma....
Bru. Ecco tutto. (*gli reca pipa e la borsa da tabacco.*)

Col. *(siede, e riempie la sua pipa)* Sono cariche le mie pistole?

Bru. Si signore.

Col. Portale con altre due vuote, e l'occorrente per caricarle. *(accende la pipa, e fuma.)*

Bru. (Che bel preparativo di sposalizio.) *(parte.)*

Col. Le vostre ve le caricherete da voi.

Dru. (Io non comprendo.... questa indifferenza.... questo suo.... Ah! dura necessità!)

Col. Qui c'è il vostro passaporto *(traendolo di tasca)* per uscire dallo Stato. E qui dugento zecchini per il viaggio. *(dandogli una borsa.)*

Dru. Ma questo.....

Col. Non fate cerimonie. Se mi ammazzate, io non ne ho di bisogno, e a voi possono servire; se poi, come tengo per certo, io ammazzo voi, non perdo nulla, perchè mi riprendo tutto.

Dru. *(prende la borsa, e s' inchina)*
(Sempre più mi confondo.)

SCENA XIV.

Brummen. Detti.

Bru. *(porta quattro pistole uguali, una borsetta con palle, e una fiaschetta da polvere, mettendo tutto sul tavolino.)*
Ecco le pistole.

Col. Le mie?

Bru. Queste. *(gliele presenta.)*

Col. *(le prende, le esamina se sono cariche, e vi rinnova la polvere.)*
Hai scelto palle a dovere?

Bru. Uguali a queste: sono tutte d'una misura, e vanno a sigillo.

Col. Ben battute?

Bru. Tanto bene, che non escono più, se non vengono cacciate dalla polvere.

Col. Conte, caricate le vostre.

(Il Conte s' accosta, e carica; mentre il Colonnello dice sottovoce a Brummen che è passato alla sua sinistra)

Hai ben capito tutto?

(Brummen fa un cenno d' approvazione colle mani)

Subito subito fuori col lume.

Bru. Come un lampo.

Col. Prima di partire fo lo spaventato.

(volgendosi al Conte)

Battete, battete più forte la palla.

(poi a Brummen)

La mia carrozza da viaggio è pronta?

Bru. Vi sono già attaccati quattro cavalli di posta.

Col. *(a Drulling)* Servirà per voi, se non fate un viaggio più lungo. *(poi a Brummen)*

Tu chiuderai la porta di fuori, nè lascierai entrare alcuno; al Conte darai libertà d'uscire, caso fosse tanto fortunato per farlo.

Bru. Signor Colonnello, fate dunque da vero?

Col. Coll' onore non si burla; non è vero, Conte?

Bru. Per carità, signore....

Col. Zitto, non azzardare mai più una parola, o la prima palla è per te. *(si volge al Conte)*

Siete all' ordine?

Dru. *(con dolore)* Sì.

Col. *(mettendo giù la pipa)* Anch' io. *(s' alza, mette la sua sedia alquanto più verso la scena a destra, e conta cinque, o più passi secondo che lo permetterà il teatro.)*

Uno, due, tre, quattro, cinque, sei. Brummen, qui una sedia. (*Brummen eseguisce.*) Conte, a sedere.

Dru. Signore.... (*intanto il Colonnello va al tavolino, e prende una pistola.*)

Col. Così è la mia usanza; battersi co' suoi comodi, e morire senza pericolo di rompersi la testa nel cadere. (*siede.*)

Dru. Confesso, che questo modo è così straordinario....

Col. Io sono lo sfidato, e a me compete il diritto del modo, dell' armi, e del tempo. Signor Conte, vi sarebbe pericolo, che ve ne fosse passata la voglia?

Dru. Non mi offendete. Io sono venuto per battermi; ma in casa propria.... di notte.... il rumore....

Col. (*con sarcasmo*) E cosa vale un duello, se non fa strepito? Per far grido, bisogna bene, che tutto il mondo sappia, che si sono trasgredite le leggi. Animo, sedetevi.

Dru. (*sedendo*) In modo tale è cosa inaudita....

Col. Che voi m' abbiate sfidato? Certo, che si crederà appena; ma ora ci siamo, e conviene finire. Brummen, prendi que' lumi. Mettiti in mezzo. Così. Conte, in positura. Voi comanderete, fuoco. A noi.

(*drizza la pistola contro il Conte.*)

Ora puoi andartena.

Dru. Come? all' oscuro?

Col. Quando non vi tremi la mano e il cuore, mi pare, che al chiaro o all' oscuro sia lo stesso. Avete forse paura delle tenebre?

Dru. Io non conosco paura.

Col. Dunque..... là....., prendetemi di mira bene.

Per me ci sono, e non vi fallo. La mia mano è ferma come se fosse di bronzo. Ci siamo?

Dru. Si.

Col. Brummen — Marsch. (*Brummen parte.*) Saldo, Conte, aspetto il vostro comando.

Dru. (*dopo breve pausa*) Fuoco.

Col. (*divergendo un poco la mano, fa fuoco.*)

Dru. (*fa uno scuotimento naturale senza moversi però dalla sua posizione.*)

SCENA XV.

Allo scoppio Brummen accorre nel mezzo della sala co' lumi, e odonsi varie grida di spavento nelle stanze delle donne.

Col. (*osserva un momento Drulling, indi allegro si alza, e corre a lui:*) Bravo genero! bravo! Questo si chiama vero coraggio. La prova è fatta; tu sei degno di me e di mia figlia. Senza palla era la pistola, senza palla. Alzati, e abbracciami.

Dru. (*alzandosi*) Appena oso credere a me stesso!

SCENA XVI. E ULTIMA.

Agnese e Marta, poi l'Ajutante, il Maggiore, Merken, Leiber, Vallen, e varj altri Uffiziali.

Agn. Padre! Padre! (*battendo alla porta.*)

Col. Apri, Brummen. (*Brummen che ha già messo i lumi sopra il tavolino, va ad aprire.*)

Agn. Oh dio! cos' è stato quello scoppio? (*uscendo.*)

Mar. Che puzza da polvere!

Aju. Signor Colonnello!

Mag. Ch' è avvenuto?

Mer. Qualche disgrazia?

Leib. Siamo tutti in pena.

Val. Ed accorsi in vostro ajuto.

Agn. In nome del cielo, parlate.

Col. Niente; figliuola mia; niente affatto, signori miei. Un accidente, che, grazie al cielo, non ha avuto nessuna conseguenza. Faceva vedere a mio genero le mie pistole; non mi sono ricordato, ch'erano cariche, e, maneggiandole, una ha sparato.

Mag. Scusate; io credo....

Col. Voi crederete quello che dico, e basta. Signori, v'ho fatto invitare, perchè vi compiacciate d'assistere alla promessa formale di matrimonio tra mia figlia e il Conte Drulling.

Agn. Ah! propriamente....

Col. (*abbracciando Drulling*) Io v'accetto per mio figlio.

Agn. }
Dru. } Padre mio! (*abbracciandolo.*)

Mar. Ecco l' effetto della sala segreta.

Col. Silenzio; ora non ci sono più che cose pubbliche; e a te appunto do incombenza di farle note, perchè so, che mi servirai meglio del tamburo. Figliuoli, io ho fatto da burla; a voi spetta di rendervi felici da vero.

Fine della commedia.

L' edizione si fa a spese dell' autore, e il prezzo d' ogni volume è fissato pe' signori associati a un fiorino corrente, o a lire tre nuove Austriache per ogni volume, che si pagherà alla consegna. — Il porto è a carico dell' associato.

Le associazioni si ricevono in Trieste alla tipografia *Coletti* dove pure abita l' autore, e al negozio di libri del sig. *Luigi Sola*: nelle altre città dalli medesimi signori negozianti librai già nominati nel manifesto, e presso tutti quelli che saranno incaricati della distribuzione de' volumi.

Se ne fanno poche copie in carta velina, e legatura bodoniana al prezzo di fiorini 1: 40, o lire 5 nuove Austriache.